Der Zen-Weg

EUGEN HERRIGEL

Der Zen-Weg

Aufzeichnungen aus dem Nachlaß –
in Verbindung mit Gusty L. Herrigel
herausgegeben von Hermann Tausend

OTTO WILHELM BARTH VERLAG

Limitierte Geschenkausgabe Frühjahr 2000

Einbandgestaltung: Gerhard Noltkämper

VORWORT

Eugen Herrigels „Nachgelassene Aufzeichnungen" werden hier in unveränderter Neuauflage vorgelegt. Es handelt sich um Niederschriften, die Herrigel selbst nicht mehr zu einem Buch gestaltet hat. Gleichwohl sind diese von ihm selbst durchgeformten Fragmente über die Mystik des Zen eine unschätzbare Informationsquelle, die nicht überholt und nicht ersetzlich geworden ist durch das Erscheinen auch zahlreicher anderer Veröffentlichungen über diesen Gegenstand. Was als Notiz von einem Gewährsmann aus Japan in der 1. Auflage dieses Buches mitgeteilt wurde, ist seit den dreißiger Jahren inzwischen wiederholt bestätigt worden: Herrigel sei einer der wenigen Nicht-Japaner, die das Wesen des Zen begriffen und einen Hauch seines wahren Geistes verspürt haben. So berichtete es noch jüngst Ernst Benz aus einem Japanaufenthalt als die unabhängig voneinander ausgesprochene Meinung verschiedener japanischer Zen-Meister.

Die wichtigsten biographischen Notizen über Eugen Herrigel sind am Ende dieses Buches zu finden. Auf eine Gesamtwürdigung der einzigartigen Persönlichkeit Herrigels, wozu im besonderen das Gedenken zu seinem Hinscheiden Anlaß war, ist in dieser Neuauflage verzichtet. Es bedarf des Rühmens nicht, auch nicht des Schutzes gegen Verkennung und Verzerrung seines Persönlichkeitsbildes. Wer die nachstehenden Aufzeichnungen liest, kann auch ihn kennen lernen, wie er war.

DER ZEN-WEG

Aus den Aufzeichnungen von Eugen Herrigel

Zen-Meister sind ewige Wanderer.

An und für sich ist das Wort weniger als der Gedanke, der Gedanke weniger als die Erfahrung. Das Wort ist Filtrat, und was sich darin niederschlägt, ist des Besten beraubt. Platon im 7. Brief: Ein ernsthafter Mann, der sich mit ernsthaften Dingen beschäftigt, sollte nicht schreiben.

Man müßte viele Leben haben, um die Wahrheit des Zen zu erfassen, sie zu sein.

ZEN UND DIE KLASSISCHE BUDDHISTISCHE VERSENKUNGSMYSTIK

Allein schon um der methodischen Begründung der mystischen Existenz willen unterscheidet sich die buddhistische Mystik auffallend von der der übrigen Welt. Sie hat die Versenkung zu einer Kunst erhoben, in der die Technik nicht nur, wie in aller Kunst, die ihr gebührende Rolle spielt, sondern einen überaus breiten Raum einnimmt. Und damit hat sie sich ein Verdienst von geradezu unabsehbarer Tragweite erworben: Sie hat die mystische Praxis dem bloßen Ungefähr entzogen. Auch sie bezeichnet die Gesamtheit der Leistungen, die zur Entsinkung führen, als „Weg“. Aber nirgendwo sonst hat der Weg, die Methode der Versenkung, eine derart fundamentale Bedeutung gewonnen.

Ostasien verdankt dem Weg *Buddhas* unendlich viel. Es hat einen einzigartigen Typ des priesterlichen Menschen hervorgebracht. Ob dabei das erreichte Niveau überall im Buddhismus bis heute gehalten ist, sei hier nicht gefragt. Auch nicht, ob aus strenger Methode Routine geworden ist, aus Erleuchtung gelehrtes Wissen.

Vom *Zen*-Buddhismus soll hier die Rede sein. Und auch bezüglich des Zen sei hier nicht erörtert, wann, wie, durch wen es entstand, nur: weshalb es — dem Buddhismus zugehörig — methodisch einen anderen Weg einschlug als die klassische buddhistische Versenkungsmystik.

Es ist auffallend, daß im Buddhismus *Erleuchtung* in der reinen Schau eben jener Wahrheiten besteht, mit der die Meditationsarbeit anhebt, in abstrakter Fassung, aller Gefühlseinschläge beraubt, die Erkenntnisse wiederkehren, die zur Weltflucht treiben, das Urerlebnis Buddhas also, als er noch nicht erleuchtet war, sondern sich erst auf den Weg machte, sanktioniert wird. Erklärt sich das Ergebnis dann nicht daraus, daß dem Meditierenden das Thema sozusagen zur fixen Idee wird?

Der Buddhist geht davon aus, daß Leben Leiden sei. Wie aber, wenn das Urerlebnis anders wäre: das Leben als erfreulich und die Welt als beglückende Harmonie erlebt würde, müßte dann nicht auch die Erleuchtung demgemäß ausfallen? Dabei wäre dann freilich unbegreiflich, weshalb man sich von dieser schönen und harmonischen Welt loszulösen versuchte. Man kommt also auf diesem Weg der Meditation offenbar nicht über sich selbst hinaus. Man kommt nicht in ein *jenseits* von Denken und Nichtdenken, Lust und Unlust usw., sondern bloß zum Nullpunkt, den man als jenseitig ausgibt. Womit wird dann aber eine Unio vollzogen? Doch nur soviel: daß der sich Versenkende zwar von dem sich loslöst, was nicht zu seinem eigentlichen Wesen gehört, und somit auch nur *sich selbst,* wenn auch den tiefsten Grund seines Wesens, findet.

Es müßte folglich – darauf konnte man kommen – auch möglich sein, Versenkungs- und Konzentrationsübungen ohne vorgegebenes Thema zu betreiben, einen Weg also einzuschlagen, bei dem man sich an nichts Festes, Objektives halten kann – ohne alle „weltanschaulichen" Voraussetzungen also, derart, daß das Dasein weder leidvoll noch lustvoll gilt, weder hassens- noch liebenswert, auch wenn es vergänglich ist. „Weltanschauung" soll vielmehr erst aus der Erleuchtung kommen! *Daß* es Erleuchtung gibt, hat Buddha selbst verheißen. Vielleicht fällt sie ganz anders aus, wenn man ihr nichts suggeriert. Daß dies möglich sein muß, geht aus dem Weg Buddhas hervor. Es gibt da ein Stadium der Indifferenz, da steht man im Nullpunkt zwischen Wissen und Nichtwissen und richtet sich auf nichts mehr. Aber — in der buddhistischen Versenkung ist man durch die vorhergehenden Stufen vorbelastet.

Wie nun, wenn man es ohne dies von Anfang an so machte? Einfach übte, sich zu versenken, völlig leer zu werden, ohne Programm? Den Mut hätte, es darauf ankommen zu lassen.[1])

Das war der Weg des ZEN. Es läßt sich nicht feststellen, wie lange das Nichts so versucht worden ist. Daß es aber gelang, beweist das Dasein des Zen in China und Japan. Daß es glänzend gelang, beweist die Lebendigkeit des Zen bis auf den heutigen Tag. Unverständlich bliebe von hier aus nur: welchen Grund zur Loslösung vom Dasein sollte der Zenist haben, da er sich dem Dasein gegenüber weltanschaulich völlig neutral verhält? Eine Erklärung dafür ließe sich zunächst geschichtlich geben: er wußte, daß es Erleuchtung und einen Weg zu ihr gibt. Nachträglich aber konnte er sagen, daß die Erfahrungen, die er gemacht hatte, die *große Befreiung* seien. *Wovon?* In welchem *Sinn?*

Darauf gibt das Ganze Antwort.

EIGENART DES ZEN
(abgehoben von europäischer Mystik)

Im Zen hat der *Mensch* durchaus nicht die zentrale Stellung wie in der europäischen Mystik, in welcher die *unio mystica* als der überschwenglich beglückende und verpflichtende Vorzug des Menschen erscheint. Er, nur er, ist unter allen Wesen dazu berufen, und indem er sie erreicht, tritt er aus dem Stand des Seins in der Welt heraus. Ek-stasis nennt man dieses Heraustreten, dieses Sich-verlieren und Sich-wiederfinden, dieses Abscheiden und Wiedergeborenwerden. Was er dabei wiederfindet, ist seine eigentliche Mitte, sein im Grunde unveräußerliches Selbst, das in der *unio* aufgehoben und dennoch bewahrt wird. In Gott, in der Gottheit, oder wie man sonst in der europäischen Mystik das nennt, womit und worin die *unio sich* ereignet, wird das Selbst nicht endgültig ausgelöscht, sondern gerettet, begnadigt und besiegelt. Nur vorübergehend, nur um der Einswerdung willen, welche die Zweiheit nicht erträgt, wird die Entselbstung gefordert, weil sich Gott nur in diejenige Seele hineingebiert, die ihr Selbstseinkönnen als letztes und höchstes Opfer dargebracht hat und keinen Widerstand mehr leistet. Ist die Geburt vollzogen, dann wird die Seele die von Gott ermächtigte Mitte, aus sich selbst zu sein und zu leben wie ein aus sich rollendes Rad.

Im *Zen* dagegen ist das menschliche Dasein als solches ekstatisch und exzentrisch, ob es dessen inne behauptung in verschärfter Abgrenzung zu allem Nicht-Ich und damit zur Herzensverhärtung. Er fühlt sich und macht sich zur Mitte, wenn nicht bewußt, so doch insgeheim. Diese Entwicklung hat die Tendenz, sich weiter zu verschärfen. Es ist aber gar nicht nötig, daß das bis ins Extrem führt. Für den Zen-Buddhismus sind schon die ersten selbstischen Regungen des Kindes unvermeidlich und verderblich. Daher ist es kein Einwand zu sagen: der Ostasiate sei nie bisher aus der Natur herausgefallen wie der europäische Mensch und lebe noch immer in traditionellen Bindungen. Dies hebt nicht auf, daß er trotzdem im Kampf mit seiner Ichhaftigkeit liegt und daher weit davon entfernt ist, so aus sich selbst zu leben, als würde er gelebt, und umgekehrt.

Die besondere Gefahr aber besteht darin, daß der Mensch naiverweise das gar nicht weiß und, sagte man es ihm, es nicht verstehen kann. Mit seiner Ichhaftigkeit verbindet sich eine Entstellung der Daseinswirklichkeit. Sein Blick ist verstört. Er kann also gar nicht vergleichen und den Unterschied zwischen dem, was er ist, und dem, was er sein sollte, einsehen. Denn: was und wie er sein sollte, läßt sich nicht vorweg beschreiben. Das ist nicht ein anderer Stil, eine andere Richtung seines alltäglichen Lebens, kein Bild, das er verwirklichen könnte; nichts, was er mit Bewußtsein und Willen, Ernst und Verantwortungsbewußtsein durchführen könnte, sondern etwas total anderes: etwas, das sich ihm völlig entzieht, nur durch Wandlung von der Basis her erreicht werden kann: durch *Umkehr*.

Daher predigt der Buddhismus nicht. Das bleiben Worte. Er wartet auf die, die sich beengt fühlen und unsicher, von geheimer Sehnsucht getrieben.

Im folgenden wird nun der Gang der Schulung und Wandlung von Menschen beschrieben, die in Japan auf diesen Weg gebracht werden: in zen-buddhistischen Klöstern.

Zuvor sei noch eine allgemeinere Bemerkung vorausgeschickt. Wer die Möglichkeit und das Glück hat, japanische Zen-Buddhisten in jahrelangem vertrautem Umgang kennen zu lernen, vermag sich kaum der Versuchung zu entziehen, sie bis in die unscheinbarsten Äußerungen ihres alltäglichen Lebens zu beobachten, gleich als ob es auf diese Weise gelänge, das Rätsel zu lösen, das sie aufgeben. Denn tief betroffen wird er dessen inne, daß er es mit Menschen eines ganz eigentümlichen Schlages zu tun hat. Nicht nur in ihrem Tun und Lassen, Reden und Schweigen scheinen sie unter einem besonderen Stern zu stehen, sondern auch in ihrem absichtslosen Gehaben: in ihrem Stehen und Gehen, in der Art, wie sie Tee trinken oder eine lästige Mücke verscheuchen. Es ist, als ob die Welt, aus der sie leben, ihr Dasein in unvergleichlicher Weise geprägt hätte. So daß sich nichts in ihnen und um sie herum ereignet, was nicht in fühlbaren Bezug zu ihr schon getreten wäre oder zu treten sich anschickte – zu jener unsichtbaren Mitte, die Rang und Schicksal ihrer Existenz bestimmt. Sie selbst sprechen nicht über das, was sie im tiefsten Inneren bewegt (und nicht bewegt) und unterliegen nicht dem Drang, Bekenntnisse abzulegen. Mit undurchdringlichem Lächeln entziehen sie sich dem Erforschen und überhören vollends Fragen, die bloße Neugier stellt. So vermag sich ihrem Geheimnis auch nur zu nähern, wer es selbst zu erleben sich auf den Weg macht.

SCHULUNG IN DEN ZEN-BUDDHISTISCHEN KLÖSTERN

Die jungen Zöglinge eines Klosters, zum Priesterberuf bestimmt, kommen, ostasiatischen Verhältnissen entsprechend, selten aus eigenem Antrieb. In den meisten Fällen folgen sie dem Wunsch der Eltern. Solche Zöglinge machen sich diesen Wunsch aber so sehr zu eigen, daß er wie eigener Antrieb wirkt. Sonst würden sie keine Befriedigung finden. Denn die Laufbahn eines Priesters ist nicht gerade verlockend: Strenges entbehrungsreiches Leben, für dessen Dürftigkeit aber innerer Reichtum entschädigt, so sehr, daß sie es nicht mehr vertauschen könnten. Aber zu Übungen in Meditationshallen zen-buddhistischer Klöster kommen überdies noch andere: Schüler aller Jahresklassen, die sich auf irgendeinen Beruf vorbereiten oder schon darin stehen, und unter ihnen Künstler aller Art als besonders erwünscht. Diese kommen – zu vorübergehendem Aufenthalt – nur aus eigenem Antrieb, nicht nur vom Geist des Zen schon irgendwie berührt, sondern in der Überzeugung, daß engerer Kontakt damit ihnen gibt, wovon sie nicht nur ihres Berufs, sondern auch um ihrer selbst willen nicht absehen dürfen.

Diese älteren Schüler sind durch Lebenserfahrungen oder Beruf schon irgendwie geformt und vielleicht bewährt. Und das ist für ihre Auswahl und Zulassung, für ihr Gefundenwerden durch den Meister, wichtig. Sie stehen schon in einem mehr oder weniger umfänglichen Pflichtenkreis, haben gelernt, sich in den

Dienst irgendeiner Sache, von Pflichten zu stellen, haben eine vielleicht nicht unbeträchtliche Willens- und Verstandesschulung durchgemacht. Und darauf wird, so überraschend es sein mag, Wert gelegt. Dann was sie erlernen sollen: Konzentration um der Meditation willen, erfordert die Fähigkeit, sich stunden-, tage-, wochenlang auf einen und denselben Sachverhalt zu konzentrieren. Dies setzt Festigkeit und Ausdauer des Willens ebenso wie klaren Verstand voraus. Ausgesprochene Gefühlsmenschen tun sich — wider Erwarten — schwer, ja vielleicht dringen sie nicht ein. Eine Erleichterung aber ist, daß der japanische Mensch es gelernt hat, Pflichten selbstverständlich nachzukommen, auch ohne Neigung. Es ist dies die einzige Stelle, wie ich glaube feststellen zu können, an der der Japaner das Ethos des „Sollens", den „kategorischen Imperativ" versteht und billigt. Und so wird auf sittlichen Charakter großer Wert gelegt wie auch auf Beachtung der sozialethischen Ordnungen — nicht als ob die Lernenden endgültig dabei stehen bleiben sollten — Zen überwindet diesen Standpunkt —, sondern als Anfangsstadium.

Ethisches Verhalten ist hier nicht Selbstzweck, sondern nur Mittel, eine Verfassung herzustellen, welche für den Beginn unerläßlich ist.

Diese Schulung von Willen und Verstand wird ergänzt und unterstützt durch dürftig-einfache Ernährung, praktisch-körperliche Arbeit zur Erholung, dazu kommt nur das erforderliche Maß an Schlaf auf hartem Lager. Es herrscht eine überaus strenge Zucht. Pünktlichkeit, Gewissenhaftigkeit, Selbstbeherrschung werden verlangt, Ertragen von Hitze und Kälte, unabhängig von der Witterung.

Schon von dieser Seite her wird der Einfluß des Zen-Buddhismus auf das Samuraitum verständlich, ja, daß der Samurai-„geist" dadurch wesentlich bestimmt worden ist. Noch heute ist der Unterricht im

Bogenschießen und Schwertkampf durch strenge Zucht ausgezeichnet. Die Übungen werden mit Vorliebe auf früheste Morgenstunden verlegt, man ist nüchtern. Der Unterschied der Jahreszeiten spielt keine Rolle. Die kältesten wie die heißesten Stunden werden bevorzugt.

Bei den jungen Zöglingen befleißigt man sich eines anderen Stils: Sie sind in jeder Hinsicht Anfänger, unbeschriebene Blätter. Der Meister muß sie erst kennen lernen, bevor er sie auf den Zen-Weg setzen kann. Daher ist ihre Tätigkeit zunächst eine ganz andere als erwartet. Sie müssen Räume säubern, Küchen-, Feld- und Gartenarbeit verrichten. Dabei werden sie vom Lehrmeister insgeheim beobachtet. Aber nicht nur Tempo, Geschick und Geschmack zählen, sondern wichtiger sind: Willigkeit, Eifer, Gewissenhaftigkeit, Selbstlosigkeit, Dienstbarkeit. Sie durchlaufen also gleichsam eine Probezeit. Dabei ruht der untrügliche Blick des Lehrers auf ihnen. Am wenigsten beachtet er, wie sie sich ihm gegenüber aufführen. Denn daß sie ihm ehrfurchtsvoll begegnen, ist selbstverständlich, aber nicht aufschlußreich genug. Wie sie sich zu Mitschülern verhalten, worüber sie sich unterhalten, ist nicht charakteristisch genug. Denn auch im Kloster bilden Stil und Atmosphäre etwas, dem man sich anpassen kann – man kann so tun als ob. Zu achten auf das, was einer unterlassen hat, ist darum oft noch wichtiger als darauf, was er tut. Dagegen sagt der Umgang mit Dingen, Geräten, gerade wenn der Zögling unbeobachtet ist, sehr viel. Das ist verräterisch. Meister kennen sich darin aus. Sie vermögen daraus zu lesen, vielleicht mehr als unsere Graphologie aus der Schrift. Der Meister verhält sich zu ihnen unnachsichtig, streng, kurz angebunden, als Feind des Schülers in wahrster Bedeutung. Es ist das aber eine Strenge aus Güte, unabhängig von Launen und Gefühlen. Er ist unbeirrbar und konsequent. Es gibt aus der Geschichte des Zen-Buddhismus sogar Beispiele mitleidloser Härte des Meisters. Der Schüler kann noch nicht erkennen, daß das alles, wie sich später herausstellt, aus Barmherzigkeit geschieht.

Wenn der Schüler dann aber soweit ist, beginnt die eigentliche Unterweisung, die man – mit Vorbehalt – „geistig“ nennen darf. (Die spezifisch geistige Zucht beginnt mit der Läuterung, Reinigung der *Anschauungskraft*. Zunächst ist gefordert, Gegenwärtiges in seiner ganzen sinnlichen Fülle auffassen zu können, unter Umständen auch mit seinem beleidigenden und widerwärtigen Drum und Dran, und auf die Dauer festzuhalten. Immer wieder gilt es sich von neuem in Wahrnehmungsgehalte zu versenken, bis man sie auswendig weiß und nach Belieben in der Erinnerung so hervorrufen kann, daß sie sich in all ihrer sinnlichen Fülle präsentieren.

Ist dies geläufig, so muß man lernen, sich darüber zu erheben, das Angeschaute nun gleichsam von innen her ergreifen, es durchschauen und so fassen, wie es der Künstler, mit wenigen Strichen sein Wesen verdichtend, sieht und darstellt. Hieraus schon wird verständlich, wieviel die *Kunst* dem Buddhismus verdankt.

Ist dies bis zur Meisterschaft geläufig, dann läßt sich eine Steigerung erzielen: Landschaften, Felder mit Blumen, Herden, Menschenmassen in den Blick zu fassen, und zwar so, daß man trotz des Waldes noch immer die Bäume sieht, dann aber in Verdünnung ihres Realitätsgehaltes im Einzelnen den bleibenden Charakter des Ganzen faßt und diesen wie in unendlicher Abbreviatur festhält. Schließlich muß auch diese ideierende Schau des reinen Wesens noch überboten werden: die Welt selbst, leere Räume und schließlich den unendlichen Raum muß man vorstellen und dadurch die Anschauungskraft erweitern können. Es ist möglich, daß hier alles ins Vage übergeht. Jedenfalls aber bleiben solche Übungen nicht ohne Einfluß.

Die Anschauungskraft zu üben, führt nicht nur zur Steigerung der geistigen Konzentrationsfähigkeit als solcher, auch der mystisch Erfahrene, der sich in der Lebenswirklichkeit bewegt, hat, wie sich später ergeben wird, gesteigerte Anschauungskraft nötig.

Erst wenn diese erreicht ist, setzt die eigentliche Meditationsarbeit ein.)

Atemübungen

Bei der mit Vorbehalt „geistig" zu nennenden grundlegenden Unterweisung handelt es sich um Atemübungen im Lotussitz. Für den Japaner ist dieser Sitz leicht zu erlernen, da er von Jugend auf mit untergeschlagenen Beinen auf seidenen Kissen sitzt und erst in der Schule Sitzen auf Stühlen und Bänken kennen lernt. Für den Europäer ist jene Art des Sitzens zunächst qualvoll und deshalb gefährlich, weil ja die Aufmerksamkeit nicht abgelenkt werden soll. Daher wird er sich zunächst mit einem Halb-Verschränkungssitz oder mit dem Sitzen auf einem Stuhl begnügen müssen. Wem aber der Lotussitz mühelos gelingt, der wird zugeben, daß er das Gefühl vollkommener Abgeschlossenheit hervorruft. Vom bequemen Sitz hängt deshalb so viel ab, weil die Atmung zu vollkommener körperlicher Lockerung führen soll. Das wird erreicht durch Konzentration auf die Atmung selbst. Es wird in natürlichem Rhythmus aus- und eingeatmet, aber jeder Atemzug mit Bewußtsein vollzogen, sogar anfangs gezählt. Die Ausatmung wird betont, denn sie wirkt loslösend. Je besser es gelingt, um so immuner wird man äußeren Eindrücken gegenüber. Diese werden am Ende kaum an- und aufgenommen. Gleichzeitig damit erfolgt eine Entspannung. Am Schluß ist man nur noch Atmung; man wird geatmet. Die Atmung hat nun, sich selbst überlassen – also ohne noch beachtet oder bemerkt zu werden –, ihren eigenen Rhythmus gefunden. Sie dämpft sich herab auf ein Minimum, das gerade noch genügt. (Dabei entsteht allerdings auch die Gefahr des Dösens, gegen das man in der klösterlichen Erziehung den Stockschlag, d. h. die aufscheuchende Berührung mittels eines langen Stabes angewandt hat.)

Aber das ist nun auch die Stelle, an der je energischer das Äußere ausgeschaltet, das Innere laut wird. Es ist das nach Ausschaltung äußerer Reize die Erfahrungsquelle, die der Lehrmeister verstopfen muß. Man darf sich über nichts, was auch zum Vorschein kommen möge, und sei es noch so beschämend, wundern. Man muß alles gelassen hinnehmen, wie wenn man bloß Zuschauer, uninteressiert, wäre, Beobachter eines Geschehens, für das man nicht einzustehen hat. Man läßt es vorbeiziehen, bis es langweilt, man nur noch mit halbem Ohr hinhört. Das Resultat ist schließlich: völlige Stille, die atmet, also wiederum ohne bemerkt zu werden.

Diese verschwindet jedoch völlig, sobald die Aufmerksamkeit neu aufgerufen, auf völlig Neues hingelenkt wird. Mit solcher Inanspruchnahme beginnt eine Serie von Übungen, in denen Konzentration mit Meditation verbunden wird. Diese Übungen geschehen in der Meditationshalle oder in einem besonderen Raum, wo es nicht zu hell ist, kühl und ruhig sein muß, in größter Ruhe. Sie werden nur hie und da durch Pausen unterbrochen, in denen man im Garten umhergeht, doch immer noch in das Problem vertieft.

Das Koan

Gegenstand der Meditation ist das sogenannte *Koan*. Es verlangt höchste Anstrengung und erlaubt durchaus kein bequemes Vorsichhinträumen.

Einige Beispiele für Koans:

Wenn dein Geist nicht im Zwiespalt von Gut und Böse weilt, was ist dann dein ursprüngliches Antlitz, bevor du geboren warst?

Wenn ihr auf der Straße einen trefft, der die Wahrheit erlangt hat, dürft ihr an ihm weder sprechend noch schweigend vorübergehen. Nun sagt: Wie wollt ihr ihm dann begegnen?

Der Priester Shusan hielt der Versammlung (der Mönche) den Stock (shippei genannt, den Meister der alten Zeit als Wanderstab, später als Zeichen ihrer Würde mit sich führten) vor Augen und sagte: Wenn ihr dies einen Stock nennt, ist es anstößig. Wenn ihr es nicht Stock nennt, ist es verkehrt. Nun sagt: Wie wollt ihr es nennen?

Haku-in (der bedeutendste japanische Zen-Meister, auf den im wesentlichen die Methode der Koan-Meditation zurückgeht), pflegte eine Hand empor zu halten und die Schüler aufzufordern, ihren Ton zu hören. Wie steht es damit?

An diesem letzten Koan will ich, so gut oder schlecht es geht, zu verdeutlichen suchen, welche Wege der Meditierende einschlägt, und worauf es ankommt.

Stunden-, tage-, wochenlang meditierend bebrütet der Schüler seine Aufgabe. In tiefster Konzentration durchdenkt er das Problem nach allen Richtungen und Möglichkeiten. Es wird ihm ohne weiteres klar: da ein Ton nur von zwei gegeneinander bewegten Händen hervorgebracht werden kann, kann die Antwort nur lauten: Den Ton einer einzigen Hand kann auch bei bestem Willen niemand hören. Aber so einfach kann die Lösung nicht sein. Muß nicht – vorsichtiger – gesagt werden: Einen für menschliche Ohren vernehmbaren Ton erzeugt eine einzelne Hand nicht? Aber damit kommt man nicht weiter. Auf Ton und dessen Hörbarkeit kann der Akzent offenbar nicht liegen. Das scheint vielmehr Beiwerk zu sein, das Problem komplizierter zu machen. Der Kern der Sache ist offenbar: was bedeutet *eine* Hand im Unterschied zu zweien? Läuft das nicht auf fundamentale Unterscheidungen zwischen gegensatzlos Einem und Zweiheit des Entgegengesetzten hinaus? Also die eine Hand Symbol eines *Prinzips* –, diese Lösung empfiehlt sich offenbar schon deshalb, weil eine solche Unterscheidung im Buddhismus eine entscheidende Rolle spielt, von der so oft die Rede ist. Mit dieser Lösung scheint also Entscheidendes getroffen zu sein.

Der Schüler geht also zum Meister. Er hat ja das Recht, einmal am Tag ihn zu befragen. Er trägt seine Lösung begeistert und stolz vor. Der Meister hört ihn an, schüttelt den Kopf und schickt den Verwirrten ohne ein Wort der Erklärung in die Meditationshalle zurück. Es kann aber auch sein, daß er ihn überhaupt nicht zu Wort kommen läßt und wegschickt, kaum hat er die Türe geöffnet. Der Schüler, sich selbst überlassen, beginnt von neuem, sich zu konzentrieren. Er will sich doch auszeichnen, dem Meister auffallen. Verbissen meditierend sucht er die Lösung zu erzwingen. Aber wie er es auch drehe und wende – er kommt zu keinem anderen Ergebnis. Weshalb also hat ihn der Meister abgewiesen? Hat er sich vielleicht nur unbeholfen, mißverständlich ausgedrückt? Er überlegt sich also die Formulierung. Geht wieder zum Meister. Dieser weist ihn erneut ab, diesmal mit ausgesprochener Mißbilligung. Aber wiederum erfährt der Schüler nicht, was er falsch gemacht hat. Der Schüler verfällt jetzt in einen merkwürdigen Zustand. Wenn er der Lösung so fern ist, wird er je das Ziel erreichen können? Er nimmt sich zusammen. Jetzt geht es um alles – um das Leben! Nicht mehr als abwägender Verstand, sondern mit vereinten Kräften des Leibes, der Seele und des Geistes wirft er sich darauf, mit leidenschaftlicher Energie, so daß das Problem ihn nicht mehr los läßt. Auch während der Erholungspause, des Essens, der täglichen praktischen Arbeit quält er sich damit ab. Es verfolgt ihn bis in den Schlaf hinein. Er braucht sich nicht mehr zu zwingen, daran zu denken. Auch wenn er sich zerstreuen möchte, denkt es weiter in ihm. Vergebens. Die Lösung will sich nicht einstellen. Er zweifelt an seiner Fähigkeit, verzweifelt und weiß sich nirgendwo Rat. Aus der völligen Verzweiflung rettet ihn immer nur wieder die Mahnung des Meisters, die Konzentration so zu steigern, daß er von Stimmungen unbehelligt sei. Er muß mit Geduld und Vertrauen warten lernen, bis das, was sich nicht zwingen läßt, reif ist und sich selbst ergibt.

Er stellt sich jetzt anders ein. Nun hat er es nicht mehr nötig, das Problem zu zergliedern und durchzudenken: das hat er schon bis zum Überdruß getan. Er denkt nicht mehr hin und her, nicht mehr an dieses und jenes, an eine Hand oder zwei Hände, an Prinzipien oder dergleichen, auch nicht mehr an die Lösung, um sie herbeizuzwingen, und ist dennoch auf sie bezogen in einer unerhörten geistigen Spannung. Er ersehnt sie wie ein Verdurstender den labenden Trunk. Aber er verhält sich wie einer, der sich an Vergessenes erinnern möchte. So ist ihm zu Mute wie einem, der sucht, was er vergessen hat, und mit aller Kraft darauf aus ist, daß es ihm einfalle, weil das Leben davon abhängt.

In dieser geistigen Verfassung mag es dann geschehen, daß ihm die Lösung plötzlich, unvermutet, einfällt. Oder aber: ein Anruf, ein starkes Geräusch, in hartnäckigen Fällen – das hat man früher nicht gescheut – schmerzhafte Berührung bringen die Spannung zum Platzen. Wie erregend ist dieser Augenblick. Zittern, Schweißausbruch bekunden es. Aber auch beglückend: Mit einem Mal fällt ihm ein, was er vergeblich gesucht hat. Er sieht jetzt klar, wo bisher alles verworren war, den Wald gleichsam trotz aller Bäume. Wie Schuppen fällt es ihm von den Augen. Er hat das Gefühl, erlöst zu sein. So blitzartig ist dieses Geschehen, so nachhaltig. Und dennoch kann er es kaum fassen.

Satori

In dieser Verfassung geht er zum Meister. Nicht mehr stolz und begeistert, sondern verlegen und unsicher. Er verstummt vor ihm, weil er nicht sagen kann, was ihm selbst über alle Maßen klar ist. Oder aber, mit sich überstürzenden Worten stammelt er zusammenhanglos und scheut sich, das als Lösung anzubieten.

Der Meister durchschaut ihn sofort. Er hat vielleicht schon, als der Schüler die Tür öffnete, erkannt, daß jetzt echtes Erlebnis, wirkliches Erfahren vorliegt: SATORI, ERLEUCHTUNG. Er beruhigt und bestärkt ihn.

Was ist mit ihm geschehen? Der Schüler hat nicht etwa eine neue Deutung, einen neuen Gedanken gefunden. Vielmehr: er ist dahinter gekommen, daß er die Lösung nunmehr *sieht*, wie wenn ein neues – geistiges – Auge ihm eingesetzt wäre. Er sieht nicht andere Dinge als zuvor, wohl aber die Dinge anders. Seine Schau ist anders geworden – ja wahrscheinlich er selbst gewandelt.

Daher führt kein gerader Weg von den üblichen Weisen des Sehens und Auffassens zu dieser neuen durch Satori bedingten gewandelten Sicht. Vielmehr erfolgt ein Sprung in eine neue Dimension. Deshalb ist diese neue Sicht unvergleichlich, genau genommen unbeschreiblich.

Aber besteht nicht Aussicht, sie wenigstens andeutungsweise zu charakterisieren? Wenn nicht, bliebe ein Vakuum, und das Folgende, das ja so eng damit zusammenhängt, noch unverständlicher. Denn in dieser fundamentalen Intuition, in diesem Innewerden auf den ersten Blick, wurzeln spätere und höhere Stufen des Zen. Und so muß sie für den, der den Weg nicht selbst durchläuft und nie anders als durch Hörensagen kennenzulernen Gelegenheit hat, in irgendeiner, wenn auch noch so unbefriedigenden Weise, umschrieben werden. Aber der Finger, der auf den Mond deutet, ist nicht selbst der Mond, sagen die Zen-Meister mit Recht.

Suzuki[2]) hat dieses Bedürfnis lebhaft gefühlt. „Erleuchtende Schau in die wahre Natur aller Dinge"[3]), „Satori ist eine Art von innerer Wahrnehmung – nicht etwa Wahrnehmung eines besonderen Gegenstandes, sondern sozusagen das Empfindungsvermögen der wahren Wirklichkeit selbst"[4]), „Wahrnehmung höchster Ordnung"[5]). „Wollen wir zur wahren Wirklichkeit der Dinge gelangen, so müssen wir sie so betrachten, als sei das Bewußtsein von Dies und Nichtdies noch nicht erwacht" . . .[6]).

Diese Bemerkungen sind zwar richtig, aber so rätselhaft wie Satori selbst. Es besteht daher die Gefahr, daß sie Phantasie und Reflexion des Lesers in Aktion setzen und er sich ein Bild macht, das, wie es auch ausfalle, immer verzeichnet sein wird. Ich will es darum – um eine Ahnung zu wecken – anders versuchen.

Zunächst scheint mir für die neue Sicht charakteristisch, daß für sie alle Dinge in gleichem Maße gewichtig sind, die nach üblicher menschlicher Schätzung unscheinbarsten wie die bedeutsamsten. Sie muten an, als hätten sie gleichsam absoluten Akzent erhalten: als seien sie für eine Beziehung durchsichtig geworden, welche im Blickfeld der gewöhnlichen Augen niemals vorkommt. Diese Beziehung verläuft nicht horizontal, von einem Ding zum anderen hin und somit innerhalb der Welt der Dinge, sondern vertikal: durch jedes einzelne Ding hindurch bis in jene letzten Tiefen, in denen sich sein Ursprung entscheidet. Die Dinge werden somit vom Ursprung, von dem Sein her geschaut und zugleich verstanden, das sich in ihnen manifestiert. Insofern sind sie alle vom gleichen Rang, alle im Besitz des Adelsbriefes ihres Ursprungs. Sie sind also kein gegenständliches In-sich. Sie weisen über sich selbst hinaus, auf den Grund ihres Seins, aber doch so, daß dieser Grund nicht anders erfaßbar wird als im Seienden, das er be-gründet, und immer nur durch es hindurch.

Man muß sich das ganz klar machen: diese Sicht enthält nicht den geringsten Einschlag von Reflexion, kommt auch nicht mit deren geheimer Beihilfe zustande. Es ist nicht so, daß dieses Resultat auf Grund anhaltender meditativer Versenkung in ein Koan erwartet, erwünscht, vermutet würde, so daß man schließlich „glaubt" zu sehen, was man vermutet. Diese Sicht überfällt vielmehr blitzartig den Versenkten und mit einem Schlag. Sie ist so leibhaftig deutlich, daß sie höchste Gewißheit mit sich führt. Daß die Dinge also „sind" gerade durch das, was sie *nicht* sind, und daß sie ihr Dasein diesem Nichtsein als dem Grund und Ursprung verdanken: dies eben wird unmittelbar „gesehen" und verstanden.

Vielleicht erleuchtet eine gern als Koan verwendete Anekdote, worauf es ankommt[7]):

Hyakujo trat eines Tages, seinem Meister Baso aufwartend, aus dem Haus, als sie einen Flug wilder Gänse sahen. Baso fragte: „Was ist das?“ – „Es sind Wildgänse, Herr.“ „Wohin fliegen Sie?“ – „Sie sind weggeflogen, Herr.“ Plötzlich packte Baso Hyakujo an der Nase und verdrehte sie ihm. Dieser, überwältigt von Schmerz, schrie laut: „Oh, oh!“

„Du sagst, sie seien weggeflogen“, meinte Baso, „aber trotzdem sind sie alle von Anfang an hier gewesen.“

Da troff Hyakujos Rücken von Schweiß, er hatte Satori.

Der Unterschied zwischen diesen beiden Behauptungen ist so weitgespannt, daß sie sich nicht versöhnen lassen. „Sie sind weggeflogen“, das ist die beinahe selbstverständliche Feststellung des gesunden Menschenverstandes. Sie sind nicht mehr sichtbar, irgendwohin verschwunden, daher nicht mehr hier, für mich nicht mehr vorhanden. Das festzustellen, ist keine Erleuchtung nötig.

Baso sieht völlig anders.

Wahrnehmen mit den natürlichen Augen, die jeder von der Geburt her besitzt, kann nur bedeuten: feststellen, was von all dem Seienden jeweils mir vor Augen kommt. Voraussetzung, daß etwas vor Augen kommen kann, ist, daß es existiert. Mit dem dritten Auge, das man erst von der Wiedergeburt her besitzt, sieht man gerade diese Existenz des Seienden, den Seins*grund*. Und deshalb muß die Feststellung lauten: „sie sind schon immer hier“ (natürlich nicht an dieser Stelle des Raumes; denn Raum und Zeit spielen in dieser Sicht keine Rolle) gewesen“. Was also so sinnlos, verdreht, ein frostiger Witz erscheinen muß, ist in Wahrheit eine ganz einfache Tatsache, die Baso ausspricht. Eine Tatsache, die er genau so eindeutig und leibhaftig sieht wie Hyakujo die Tatsache, daß sie weggeflogen sind. Keine dieser Tatsachen widerlegt die andere, so sehr liegen sie in völlig verschiedenen Dimensionen, und Hyakujo hätte durch anhaltendes Nachdenken und Überlegen die Lösung nie finden können. Erst im Augenblick des heftigen Schmerzes, der ihm das Nachdenken vertrieb, fand er, wie die Geschichte berichtet, die Lösung durch Satori.

Man darf nun nicht deshalb, weil man das Gefühl hat, mit der Feststellung des Baso irgend etwas anfangen zu können, sie irgendwie zu verstehen – und ihm deshalb zu verzeihen, meinen, man vermöge den Standpunkt Basos einzunehmen und sich bei seiner Aussage etwas Sinnvolles, ja vielleicht sogar Tiefsinniges, zu denken. Nicht darauf kommt es an, sondern alles hängt daran, daß man, wie Baso, „sehe“, und zwar unmittelbar, auf den ersten Blick, und so und nicht anders auffasse. Baso seinerseits versteht natürlich die Feststellung des Hyakujo: er hat diese Auffassungsweise früher geteilt und für normal gehalten. Aber er versteht noch mehr: daß sie geistlos und geradezu exzentrisch ist.

Nun wäre es ein Mißverständnis, zu meinen, die erleuchtende Schau, möge sie fundamentalen Gewinn bringen, sei doch mit folgenschwerem Verlust bedroht. Es entgehe ihr die leibhaftige Fülle des gegenwärtig Daseienden, sie werde um den Sinn dafür betrogen. So wichtig es sei, die Dinge von ihrem erlauchten Ursprung her zu sehen, so wichtig sei es doch auch, sie als das aufzufassen, was sie ganz einfach *sind*. Nicht nur, daß sich in ihnen etwas manifestiert, sondern, wie, in welcher Form und Gestalt es sich manifestiert. Aber dieser Einwand trifft nicht. Gerade weil es für die erleuchtende Schau charakteristisch ist, daß sie das Geschaute nicht nach dem befragt, was es in Beziehung zum Schauenden bedeuten könnte, läßt sie das Seiende sein, was es – vom Ursprung her – sein will, faßt sie die Dinge so auf, wie sie bildlich gesprochen, „gemeint“ sind.

In dem Maße nämlich, in dem ihr gestaltloser Urgrund unzugänglich und unfaßbar ist, in dem Maße sind die Dinge in ihrer Gestalthaftigkeit um so zugänglicher. Indem sie im Lichte ihres erlauchten Ursprungs stehen, sind sie selbst licht und erleuchtet. Je geheimnisvoller im Grunde, um so offenbarer bieten sie sich dar. Je schweigsamer mit Rücksicht auf letzte Fragen, um so weniger verschweigen sie sich selbst. Dies macht, daß der Schauende sie ihren eigenen Weg gehen läßt, ohne sich mit eigenen Anliegen einzumischen. Weit davon entfernt also, sie als bloße Erscheinungen des an sich selbst in diesem Stadium noch unzugänglichen und unfaßbaren Urgrundes zu nehmen, läßt er unbefangen jedes Ding als es selbst gelten. Dies gelingt in erstaunlichem Grade durch die Eigenart dieser selbstlosen Schau: weit über die Grenzen der belebten Natur hinaus steht der Schauende in innigstem Kontakt mit den Dingen und ihren Schicksalen – auch mit denjenigen, die ganz im stofflichen Dasein aufzugehen scheinen, und vermag diesen Kontakt gelegentlich sogar bis zum Rang völligen Einsseins zu steigern (ob zu führen oder geführt werden, stehe dahin). Es ist ihm dann zu Mute, als komme das Ding in der Schau nicht zu ihm, dem Schauenden, sondern zu sich selbst und erlange erst dadurch die ganze Fülle seiner Realität, als erblicke das Sein im Seienden sich selbst, umfasse und trage das Geschehnis der Schauung. Der Schauende fühlt sich dann nicht mehr als den subjektiven Pol, dem Dinge als Objekte gegenüberstehen, sondern er fühlt das Sein als den Pol von unfaßbarer Wesenheit, und sich selbst zusammen mit allem, was begegnet, als den anderen Pol des gestalthaft Seienden, das wie er selbst vom Ursprung herkommt.

Denn was von jedem beliebigen Ding gilt, gilt auch vom sogenannten Ich. Auch das Ich ist in der Schau transparent geworden, es wird durchsichtig bis in jene letzten Tiefen, in denen es gründet. Man vergleiche dazu das Koan: Was war dein Angesicht, bevor du im Gegensatz von Gut und Böse standest? d. h. bevor du als individuelles Ich, als dieser bestimmte Mensch in der Welt, in der Sphäre der Vielheit und Gegensätzlichkeit standest?

Die Lösung dieses Koans besteht auch hier darin, das ursprüngliche Antlitz mit dem geistigen – dritten – Auge zu „sehen", es zu finden, also nicht mit Hilfe der Reflexion zu erfinden, zu erdenken. Was dann mit Rücksicht auf das eigene Ich erfahren wird, wird dann nicht auf das andere Ich, noch weniger auf Dinge übertragen – per analogiam gleichsam –, sondern auch alle diese anderen Gestaltungen werden, jedes für sich vom Ursprung her unmittelbar erfahren.

Vielleicht ist diese Art der Schau Wiederholung, Wiederbelebung, Steigerung und Befestigung eines Verhaltens, das wir in Tagen der Kindheit gelegentlich von selbst übten. Es scheint, als sei damals das Ding, mit dem man spielte, völlig unbezogen und unbeziehbar wahrhaft als es selbst erlebt worden, so sehr, daß alle Aktion von ihm auszugehen schien und es mit uns spielte. Wie dem aber auch sei, ob im Satori Rückkehr oder völlig Neues, noch nie Geschehenes vorliegt: Es gibt unzweifelhaft ein unerhört mächtiges und alle subjektiven Kräfte aufrufendes und in seinen Dienst stellendes Erleben des schlechthin Unbezogenen und Nichtunterschiedenen, ein Schauen, Erleben, Erfassen und Erfaßtwerden in einem. Es ist daher verständlich, daß Zen-Meister zunächst wenigstens allerhöchstens Ausrufe wie: Stock! Schnee! Wildgänse! gestatten, dagegen die Behauptung: dies ist ein Stock! dies sind Wildgänse! für ebenso verfehlt halten wie die entgegengesetzte: dies ist nicht ein Stock! dies sind keine Wildgänse!; die Behauptung: die Wildgänse sind weggeflogen, für ebenso verfehlt wie die andere: sie sind nicht weggeflogen. Wer so urteilt und dabei die Dinge sowohl sich selbst gegenüber wie gegeneinander abgrenzt und dadurch aus dem Zusammenhang herauslöst, sie isolierend, ist kein Schauender mehr, sondern ein Betrachter, der außerhalb des Bildes steht und das Betrachtete als Gegenüber erlebt. Der fühlt sich dann mit dem Geschauten nicht eins, sondern wie von außen her von Dingen angerufen und antwortet darauf; und wiederum wie sie befragend, damit sie antworten. In diesem Hin und Her von Frage und Antwort vermeint er die volle Realität des „Objektes" ergreifen und bis auf den Grund ausschöpfen zu können, und merkt nicht, mit wie dürftigen Surrogaten er sich begnügen muß. Zwischen ihn selbst und das Objekt schiebt sich als Medium ein Spiegelbild, das er mit Bedeutung belädt, ohne zu ahnen, daß für den Schauenden die Schau übervoll ist von Bedeutung, für die er sich bloß offenzuhalten hat.

Für den Betrachter, der bewußt alles mit allem in Bezug setzt, liegt hinter und in allem Wahrnehmbaren Vergangenes und Zukünftiges in klarer Sonderung. Die Schau dagegen weiß nichts davon; sie besteht in beziehungsloser Gegenwärtigkeit, im unreflektierten Nun eines geradezu zeitlosen Geschehens. Der Rhythmus wird nicht als Fremdes aufgefaßt, sondern als Eigenes wahrgenommen, wahrgehabt in lebendigem Mitschwingen im unerschöpflichen, grenzenlosen Sichwandeln mit den Dingen.

Wenn demnach Zen-Meister Aussagen über die erleuchtende Schau ablehnen, so nicht, weil sie es für erstrebenswert halten, zur Primitivität der geistigen Anliegen Unmündiger zurückzukehren. Was sie verlangen, ist nicht nur, geistige Ursprünglichkeit zu erlangen, sondern auch sie zu wahren. Diese Ursprünglichkeit ist nicht etwa primitiv, so schlicht und einfach, einfältig sie auch sein mag, sondern das Produkt einer unerhörten geistigen Zucht; und sie führt zu einer Freiheit, der wahrlich kein Ding unmöglich ist. Es ist aber keineswegs im Sinne des Zen, diese antilogische Haltung grundsätzlich zu fordern und auf alle Lebensbereiche gewalttätig auszudehnen. „Grundsätzliches" kennt das Zen überhaupt nicht. Es ist daher nicht nur damit einverstanden, daß es Bereiche gibt, in denen Aussagen, Beurteilen, Planen, zweckmäßiges Handeln eine Rolle spielen, sondern es geht so weit, diese Verhaltungsweisen als zum Dasein erforderlich anzuerkennen, und damit ineins die Zerstörung der Einheit von Subjekt und Objekt, die Subjekt-Objekt-Spaltung gutzuheißen – bis an die Grenze hin, an der erst sie anfängt, gefährlich und unheilvoll zu werden.

Weitere Koan-Meditation

Der Meister wird dem Schüler zu passender Zeit noch andere Koans anvertrauen. Nicht, um die Erleuchtung Stück für Stück zu ergänzen – denn sie ist mit einem Schlage und als unteilbares Ganzes gegeben, da in jedem Koan das ganze Zen enthalten ist –, sondern um sie geläufig zu machen, Wurzel fassen zu lassen, einzuüben. Sind doch die beiden alten Augen noch immer in Funktion und haben die lebenslängliche Übung für sich. Und zugleich ist es mit Hilfe von Koans möglich, den weiten Umkreis des Seienden abzutasten: Koans lassen sich in dieser Hinsicht geradezu klassifizieren.

Der Schüler wird nun überwundene Fehlleistungen beim Meditieren nicht wiederholen. Er versucht keine verstandesmäßige Lösung mehr, seit er durch Mißerfolge gelernt hat, das Denken als völlig unbrauchbar auszuschalten. Es ist möglich, daß ihm, kaum hat er sich in konzentrierter Meditation versucht, die Lösung des Koans auf Anhieb gelingt. Daß sie ihn geradezu anspringt und er in erleuchteter Schau „sieht", was gefragt war. Und dann wird er sich wieder an den Meister wenden, um von ihm geprüft, bestätigt oder verworfen zu werden. Der Entscheidung des Meisters unterwirft er sich – nicht etwa demütig, gehorsam, auch vermeintliche Fehlentscheidungen hinnehmend, sondern willig wie Fügungen des Schicksals. Vielleicht ist ihm solche Fügsamkeit nicht von Anfang an eigen. Es mag sein, daß er sich trotzig gegen den Anspruch des Meisters, ihn zu durchschauen, aufbäumt, bis er eines Tages einsieht, wie unrecht er hat. Bis er sich freiwillig ausliefert in einem unerschütterlichen Vertrauen in den Meister.

Wie der Meister „sieht", ob der Schüler Satori hat

Woher wächst dem Meister diese Autorität zu, die er weder sucht, noch verlangt, sondern findet, ob er will oder nicht? Wie ist es möglich, daß er den Schüler, der in seiner Gegenwart verstummt oder unbeholfen stammelt, bis in den Grund der Seele durchschaut? Daß er weiß und sieht, ob Satori erreicht ist? Das ist genau so schwer zu erklären, wie der Vorgang des Satori selbst.

Es ist noch einmal hervorzuheben: die erleuchtete Schau ist so beschaffen, daß der Schüler Antwort auf die im Koan enthaltene Frage nicht mit Worten geben, sie nicht auf Begriffe bringen kann. Aber selbst angenommen, er könne die Schau umschreiben, analogiehaft charakterisieren (was vielleicht erst nach vielen Jahren und vielfältiger Erfahrung möglich ist), würde es auf den Meister keinen Eindruck machen. Denn der Schüler könnte ja nachsprechen, was er von anderer Seite gehört hat, und somit Erlebnisse vortäuschen. Er könnte bei sehr lebhafter Phantasie auf Grund weniger Daten sich zusammenreimen, worauf es ankommt, und, nur weil er nun mitreden kann, weil er zu verstehen glaubt, sich für einen ausgeben, der Satori erfahren hat.

Um solchen Hellhörigen, die es auch hier gibt, den Boden zu entziehen, nimmt der Meister einen sehr eindeutigen Standort ein: anstatt allen Wortgeklingels verlangt er die Erlangung von Satori leibhaftig zu „sehen". Und er, der Meister des Satori, sieht in der Tat mit untrüglichem Blick. Dazu befähigen ihn die Erfahrungen am eigenen Leib als Schüler, dann die langjährigen Erfahrungen als Lehrer und endlich als Meister. Was aber sieht der Meister? Ich könnte diese Frage mit dem Hinweis darauf umgehen, daß etwa ein Maler, die Arbeiten seiner Schüler prüfend, bald herausfindet, welcher von ihnen zum Künstler geboren ist, welcher nicht. Er „sieht" dies eben, und woran er es sieht, läßt sich dem Nicht-Maler niemals so erklären, daß der andere es auch sehen und nachprüfen könnte. Ähnlich „sieht" der Zen-Meister, wo echtes — nicht bloß eingebildetes — Satori vorliegt. Er sieht es selbstverständlich auch „an" etwas. Obwohl ich nicht erklären kann, wie er das macht, will ich doch einige andeutende Hinweise geben, für die sich da und dort Bestätigungen finden lassen.

Die geistige Gelöstheit, welche Satori ermöglicht, die aber dann umgekehrt von Satori verfestigt wird und die tiefe innere Wandlung herbeiführt, spiegelt sich in körperlicher Gelöstheit wider. Charakteristischerweise nicht etwa in einer auffälligen Beschwingtheit des ganzen Wesens, in Erregung und stimmungsmäßiger Aufgedrehtheit, Erscheinungen, die ganz anderswoher kommen können – denn der Erleuchtete ist gelassen, so daß er gar nicht auffällt –, sondern gerade in den unscheinbarsten seiner Kontrolle am wenigsten unterworfenen Bewegungen. Sie können nicht „gemacht" werden. Mit anderen Worten: es gibt im Bereich des Zen-Buddhismus keine typischen Haltungen, die man absehen und nachahmen könnte, also nicht etwa Haltung der „Andacht", der „Demut", der Ergriffenheit usw. – mit einer einzigen Ausnahme: die Haltung der meditativen Versunkenheit kann man durchaus für eine Weile imitieren, jedoch nicht für die Dauer, weil sich der Leerlauf von selbst entlarvt: er führt nicht zum Satori.

Ich will nicht einmal daran erinnern, wieviel der Ausdruck der Augen verrät. Das ist auch in anderen Bezirken des Lebens so, und in der ganzen Welt beherrscht man die Kunst, in den Augen zu lesen. Aber die Kunst, aus der Art und Weise, in der etwa der Schüler die angebotene Schale mit Tee an den Mund führt, zu sehen, ob er echtes Satori erfahren hat, diese Kunst beherrscht nur ein Zen-Meister.

Ich will mich mit diesem Beispiel begnügen. Vielleicht ist es dem Europäer am leichtesten zugänglich. Es steht jedenfalls fest, daß der Erleuchtete die Dinge nicht nur anders auffaßt, sondern sie auch anders anfaßt, ob er es weiß oder nicht. Aber wie faßt er sie denn an? Nicht etwa, in Gegenwart des Meisters, verlegen und linkisch. Nicht etwa ihre Form bewundernd, ihren Wert abschätzend. Nicht etwa als Schale: Hauptsache, daß etwas darin ist. Nicht etwa sie nicht beachtend, weil er in Gedanken ist. Sondern: wie etwa ein Töpfer eine Schale anfaßt, der fühlt, wie sie entstanden ist – denn sie erzählt von eines Meisters formender Hand –; faßt sie an, als ob seine Hände mit ihr eins würden, so daß sie selbst wie eine Schale sind und, wenn er die Hände zurückzieht, daß sie einen Abdruck zu bewahren scheinen. Und so trinkt er auch den Tee anders als andere. Er trinkt ihn so, daß er nicht mehr weiß, ob er der Trinkende ist oder der Trunk – völlig selbstvergessen, selbstverloren: der Trinkende eins mit dem Trunk, der Trunk mit dem Trinkenden – eine unvergleichliche Situation. Der Meister nimmt dies wohl durch das erleuchtete Auge wahr. Aber Satori ist in diesem Falle nur Vollendung einer Fähigkeit, zu der er als Ostasiate alle Voraussetzungen mitbringt; die Fähigkeit, feinste Nuancen des Sichbewegens, Hantierens aufzufassen. Diese erstaunliche Beobachtungsschärfe ist vielleicht entwickelt durch die Bilderschrift; durch den Hang, sich andächtig in alles Begegnende zu versenken; durch die beispielhafte Naturliebe des Japaners. Was er beobachtet, geht in ihn ein – er trinkt es in sich hinein. Man könnte hier Beispiele nennen für das Verhalten des Japaners: bei der Kirschblüte, bei Ausstellungen von Blumen, das Blumenanordnen, seine Art des Genusses der Landschaft, einzelner Bäume. Und um so sensibler ist er in der Beobachtung von Tieren und Menschen in Bewegung. Sogar ein Kaiser hat sich um die Frage gekümmert, mit welchem Fuß ein Kranich die erste Stufe einer Treppe nimmt. Und dabei sind es gerade unscheinbare Bewegungen, denen er Bedeutung beimißt, unwillkürliche, als Spiegelung eines echten, nicht gewollten Zustandes.

Hinweise auf die japanische Schauspielkunst

Zur Bestätigung sei auf eine Kunst hingewiesen, in der dieser Sinn für Ausdrucksbewegung eine entscheidende Rolle spielt: die Schauspielkunst.

Der Schauspieler wirkt nicht durch hohes – und vielfach hohles – Pathos, nicht durch ausladende Gesten, sondern durch gedämpftes Spiel – „stumme", „innere" Kunst genannt –, das sich selbst im Affekt nicht vergißt, sondern bis ins Letzte durchformt ist. Der Zuschauer sieht nicht bloß angedeutete, in sich verhaltene *Bewegungen,* sondern weiß sie in ihrer Beziehung zu Gefühlen, Stimmungen zu deuten, und an der Ausdruckskraft im Kleinen mißt er die Größe des Schauspielers. Kurze Worte, Neigung des Hauptes, Bewegung der Hand, vielleicht bloß eines Fingers – das genügt schon, um beredter zu sein, als je das Wort es leisten könnte. Denn das japanische Schauspiel (No wie Kabuki) ist nicht auf das Wort, sondern – darin wird seine buddhistische Wurzel sichtbar – auf das *Schweigen* gegründet, so daß, was darin liegt, nur angedeutet, nicht erzählt werden kann. Es gibt Stücke, in denen der Schauspieler, ohne ein Wort zu äußern, die Zuschauer lange im Banne hält durch ein so sparsames Spiel des Ausdrucks, daß man es mit Recht gefrorenen Tanz, tanzlosen Tanz genannt hat.

Das Stück ist daher nicht zum Lesen geeignet, wie das europäische, das schon beim Lesen alle Schönheit, Glanz und Tiefe offenbaren kann, sondern es „wird" erst durch das Genie des Schauspielers, der gerade das hinzufügt, was grundsätzlich nicht durch das Wort, nicht durch alle Sprachgewalt ausgedrückt werden kann.

Dabei ist das Gesicht nahezu völlig unbewegt, ausdruckslos, die Augen sind starr. Das darf nicht wundernehmen. Auf der einen Seite fand von alters her (im No) die Maske Verwendung; auf der anderen Seite haben die Schauspieler ungewöhnlich viel dem Einfluß des Puppentheaters zu verdanken, und die Ausdruckskraft der Puppen liegt in Gestik sparsamster Art. Das ist hier nun so unerhört zur Kunst geworden, daß es zur Vollkommenheit gebracht erscheint. Nur so ist es auch verständlich, daß die Tradition des Gebärdespiels sorgsam behütet und von jung auf (schon von Kindesbeinen an) langsam erlernt wird.

Es gibt eine mehrere Jahrhunderte alte Theaterchronik, in der eine pedantisch genaue Beschreibung des Gebärdenspiels großer Schauspieler im Mittelpunkt steht. Darin hat man die Aufgabe und den Sinn der Theaterkritik erblickt. So kann jeder Schauspieler einer bestimmten Rolle das Spiel großer Vorgänger aktenmäßig kennen lernen und auf geradezu zeitlose Form des Spiels hinarbeiten. Denn dies erscheint wichtig. Der erste große Schauspieler in Tokyo ist von seinem Vater belehrt worden: nur keine Originalität. Das ist Sache eines mittelmäßigen Schauspielers. Es ist leicht aufzufallen. Der gute Schauspieler strebt danach, unauffällig zu sein. Kein Wunder, was dadurch erreicht wird: ein Theater gleichsam sub specie aeternitatis. Jede, selbst unscheinbare, Bewegung hat, vor allem in No-Tänzen, ihre Bedeutung. Geringe Unterschiede, Nuancierungen begründen Unterschiede der Schulen – etwas bei uns schlechthin Undenkbares. Es ist das nur dadurch möglich, daß diese bedeutungsgeladenen Gebärden zu letzter Vollendung getrieben sind und daher schon kleine Abweichungen ins Gewicht fallen. Daß sie dennoch nicht, trotz aller Geformtheit, schablonenhaft wirken, ihre Aneignung nicht in Routine verfällt, deren sich selbst durchschnittliche Schauspieler bedienen könnten, kommt daher, daß in Japan Natur, Leben und Kunst fugenlos ineinander übergehen, Kunst nicht ein Reich des Scheins neben und über Natur und Leben, sondern deren Vollendung bedeutet – durch den Künstler, der die Technik souverän beherrscht und dadurch wahrhaft befreit ist. (Von den Künsten des Bogenschießens und des Blumenstellens ließe sich ganz ähnliches sagen.) Gerade die Kunst des Schauspielers bleibt dem Europäer zunächst weithin unzugänglich. Nicht schon deshalb, weil er die Sprache nicht beherrscht – dazu wäre ein Leben zu kurz –, sondern weil er jenen Sinn, jene Schaufähigkeit des

Ostasiaten nicht entwickelt hat. Er, der dem schwierigsten Dialog eines europäischen Stückes mühelos gewachsen ist, versagt dem einfachsten Vorgang des japanischen Stückes gegenüber, kann nicht verleugnen, daß seine Kultur auf Logos, auf das Wort gegründet ist, wohingegen die ostasiatische auf Schau, Intuition beruht.

Um nicht in Verdacht zu geraten, daß ich um der Illustrierung des Satori und seiner Hintergründe willen übertreibe, sei an die berühmte Anekdote über zwei große Meister der Schauspielkunst erinnert, aus der hervorgeht, daß der eine die Größe und Überlegenheit des anderen erkennt an dem ausdrucksgeladenen Verhalten in einer Szene, in der kein Wort gesprochen wird.

Dies alles hat der Zen-Meister als selbstverständliche Voraussetzung aus dem Schicksal, daß er Ostasiate ist. Kommt nun noch ein drittes Auge durch Satori hinzu, dann ist zu ermessen, wohin die Revolutionierung seiner Schaufähigkeit führen kann.

Der Meister sieht dem Schüler ins Herz

Wenn nun mein Zen-Meister das Vorstehende gelesen hätte, würde er vielleicht sagen: weshalb so umständlich über etwas ganz Einfaches reden, weshalb Worte machen! Einen anderen verstehen, ja bis in geheimste Winkel seiner Seele durchschauen zu können, ist nur möglich durch eine Beziehung von Sonnengeflecht zu Sonnengeflecht. (Es handelt sich um das unmittelbar unter dem Zwerchfell liegende Nervengeflecht, das man als Sonnengeflecht [plexus solaris] bezeichnet.) Wer viel geübt hat, gewinnt Fähigkeit, jeden anderen in ein Kraftfeld einzubeziehen, das er um sich her in wachsenden Ringen gleichsam verbreitet. Nicht nur Menschen, Tiere, Pflanzen, sondern auch Dinge. Dem kann niemand und nichts entgehen. Und was einmal einbezogen, muß Art und Namen offenbaren, ob es will oder nicht.

Der Meister also durschaut den Schüler schon von dessen äußerem Benehmen her, noch mehr aber aus der Art, wie er sich auf Befragen zu äußern versucht. Da gibt es keine Möglichkeit vorzutäuschen, was man nicht hat, da im Satori nichts steckt, was sich als Sachgehalt fassen und aussagen ließe; es enthält keine Wahrheiten, die man aufschnappen und hersagen könnte, sondern nur eine neue Weise des Sehens, Auffassens. Man hat Satori oder hat es nicht. Erfinden kann man es nicht. Und wer ostasiatische Lehrmeister Jahre lang an sich erfahren hat, sträubt sich nicht mehr dagegen, daß sie beanspruchen, dem Schüler ins Herz zu sehen, zu wissen, wo er steht, und vor allem: wieviel an ihm echte Erfahrung ist und wieviel Phantasie.

Wandlung des Schülers durch Satori

Mit Satori ist eine innere Wandlung von revolutionierendem Charakter verbunden. Der Erleuchtete bemerkt dies zunächst nicht. Nur sein Lehrer merkt es, und der bespricht es nicht, läßt es reifen und sich vollenden. Aber allmählich merkt es der Schüler im Verkehr mit anderen, daß er ein anderer geworden ist. Beim Zusammentreffen verstehen sie sich nicht mehr so wie früher. Und er kann nicht leugnen, daß die anderen das Recht des Zusammenstimmens für sich haben. Aber das macht ihn nicht unsicher, die gewonnene Schau ist viel zu überzeugend. Nur zurückhaltend ist er gegenüber den anderen. Und mehr und mehr überläßt er sich seinen Visionen wie Träumen und sucht und liebt die Einsamkeit.

Was ihm zunächst als Verlust erscheint, abseits stehen zu müssen – denn er ist jung und gern zusammen mit anderen, die das Schicksal zusammengespielt hat –, das wird ihm zum Gewinn: denn er sucht und findet Einsamkeit nicht an fernen, stillen Orten, sondern er schafft sie um sich her, breitet sie um sich herum aus, wo immer er sich befinden möge, weil er sie liebt. Und in dieser Stille reift er langsam. Sie ist für die Entfaltung des inneren Geschehens, das anhebt, unerhört wichtig. Die Gefahr entfällt, mit anderen darüber zu sprechen, die Keime zu zerreden. Aber nicht eitlem Selbstgenuß gibt er sich hin. Er möchte nur mit sich ins reine kommen. Und es drängt ihn, die erleuchtete Schau erleuchtender Schau auszusetzen. Das führt zu potenzierter Schau, die sich ganz von selbst vollzieht, kraft ihrer Artung. Es gelingt dies nur dadurch, daß die erleuchtete Schau der Dinge im Bild festgehalten, das Bild wiederum der Schau zugrunde gelgt wird. Auch dieser Weg wird nicht absichtlich beschritten, vielmehr wie von selbst eingeschlagen.

Es ist der Weg in die Kunst. Und daraus wird ein Weg der Kunst.

Zen in den Künsten

Aber nicht davon soll jetzt die Rede sein, daß Zen alle japanischen Künste, wie Suzuki aufwies, aufs nachhaltigste beeinflußt hat, sich darin auswirkend. Man könnte hier hinweisen auf die Methode der Unterweisung bei einzelnen Künsten, auf die erforderliche Konzentration, auf die Sinngebung eines aus kultischer Handlung sich herleitenden Geschehens, endlich auf das innere Werk, in dem der Künstler Meisterschaft erringt. Dies alles ist andern Orts dargestellt in „Zen in der Kunst des Bogenschießens“

unter Heranziehung der Großen Lehre der Schwertmeisterschaft.

Da also handelt es sich um Auswirkung des Zen als ganzen auf einzelne Künste. Hier aber steht etwas anderes in Frage: nämlich Auswirkung des Satori, Art und Weise, in der es sich bildhaft darlegt und schaut, vornehmlich in der Zen-Malerei.

Denn es gibt eine ausgesprochene Zen-Malerei! Das heißt: Werke, in denen erleuchtete Schau des Daseins zum Inhalt des Bildes wird.

Zen-Malerei

Was ist für sie charakteristisch? Zunächst einmal der *Raum*. Der Raum, der in ihr eine Rolle spielt, ist auf jeden Fall nicht der europäische Raum mit seinen Abmessungen, jenes homogene Medium, in dem die Dinge stehen, das sie umgibt und voneinander trennt. Jene tote Geräumigkeit, die durch die realen Dinge sich verdrängen läßt, zu den anschaulichen Beziehungen von rechts und links, oben und unten, vorn und hinten verdünnt wird. Raum, der nur die Oberfläche der Körper berührt, sie schalenartig umschließt und daher überall, wo er leer ist, auch bedeutungslos bleibt und anspruchslos. Der Raum der Zen-Maler dagegen ist ewig unbewegt und doch bewegt wirkend, lebt, atmet gleichsam, ist gestaltlos, leer und doch Ursprung aller Gestaltung, ist namenlos und doch Grund dessen, was Namen trägt. Um seinetwillen haben die Dinge absoluten Akzent, sind sie alle gleich wichtig, gleich bedeutsam, Ausdruck des Allebens, das sich in ihnen manifestiert. Daher in solchen Bildern auch die tiefe Bedeutung des Aussparens, Leerlassens. Was nicht angedeutet, ausgesagt wird, das Verschwiegene ist für das Verständnis wichtiger und beredter als das Gesagte, Beredte.

Auch hier, wie in der Schauspielkunst, bekundet sich der tanzlose Tanz dessen, was alles Seiende belebt, durchdringt, hindurchtanzt. Der Raum ist somit nicht ein homogenes, in unendlicher Ferne identisches leeres Medium, sondern die unbegreifliche Fülle des Seins selbst in seinen unendlichen Möglichkeiten. Der Zen-Maler kennt keinen horror vacui, sondern für ihn ist das Leere gerade höchster Verehrung würdig: das Urlebendige, das vor Überfülle keine Gestalt annimmt und sich, um sich zu zeigen, in unerschöpflichem Kreislauf verbesondern muß. Raum ist also nicht die Haut der Dinge umspielend, sondern ihr Kern, Grund, tiefstes Wesen und Seinsgrund. Aus solchen Bildern spricht die Magie des Leeren: den Blick anziehend, Andacht heischend. Und alle Bildbetrachtung beginnt mit der Betrachtung des Leeren.

In der europäischen Malerei steht der Betrachter außerhalb des Bildes. Was er schaut, erlebt er als Gegenüber, das sich von ihm weg, von seinem Blick weg, entfaltet und Räumliches bis zum Horizont hin erschließt. Es ist, also ob der bloße Blick schon schöpferisch wäre. In dieser Art des Schauens ist alles Gegenüber ein Anderes, ein wesentlich Fremdes, und kommt ihm dadurch zum Bewußtsein, daß er nicht dabei, sondern aus dem Bild herausgehoben ist. Demgegenüber wird in der chinesischen und japanischen Malerei nicht von außen her in ein Anderes hineingeschaut, sondern es wird das Dargestellte und jede Einzelheit so von innen her gesehen, daß der Schauende darin sein und leben muß, um ihm gerecht zu werden. Damit wird nicht nur die Perspektive gegenstandslos, so daß sie verschwindet, sondern auch die Ordnung von Betrachter und Betrachtetem aufgehoben. Der Raum schließt sich rings um den Betrachtenden, der nun überall in der Mitte steht, ohne Mitte zu sein: er ist nun innen darin, eins mit dem Herzschlag der Dinge. Und das bedeutet zugleich:

was ihn umgibt und einschließt, ist ihm so ebenbürtig, daß es fühlen läßt: es ist nicht für ihn und um seinetwillen da. Es ist nicht das Andere, sondern gleichsam er selbst in ewig sich wandelnder Gestalt, er ist so sehr eins damit, daß er keine Eigenbedeutung mehr gewinnt, sondern darin untergeht und in diesem Untergang sich selbst und nicht sich selbst begegnet: ein schwebendes Verschweben im Seienden.

Das Gegenständliche aber im Bilde, aus dem Urgrunde entlassene Gestaltete – und darum vom Leeren her zu beurteilen –: Berge und Wälder, Fels und Wasser, Blüten, Tier und Mensch sind in ihrem Dasein erschlossen, in die konkrete Situation des Hier und Jetzt eingetaucht – und dennoch wiederum nicht in ein bloßes Hier und Jetzt. Daher der Charakter des Schwebens und Verschwebens, der das Bestimmte ins Unbestimmte, das Gestaltete in die Gestaltlosigkeit zurückzunehmen scheint und so Ursprung und Herkunft andeutungshaft sichtbar macht.

Es gibt Lehrhefte der Tuschemalerei, in denen vom einfachsten Grashalm an bis zur großen Landschaft alles, was dem Malerauge begegnen kann, in seinen Wesenszügen festgehalten ist und in Abbreviatur gerade das einfängt, was der Natur den Charakter der Lebendigkeit verleiht. Es handelt sich da beileibe nicht um Schablonen, die man nachzumachen hätte, so sehr sie dazu reizen. Es sind vielmehr Stil- und Pinsel-Übungen, welche die enge Verwandtschaft zwischen Schreiben der Bilder und Malen zeigen. Wer sie beherrscht, und zwar so, daß er darüber steht und frei geworden und reif ist für Wahrnehmung und Ausdruck feinster Nuancen, der ist dann in der Tat in der Lage, darzustellen, was das dritte Auge der Erleuchtung sieht und deutet.

Die Zen-Malerei knüpft an eine große Tradition an:

an die Landschaftsmalerei Chinas vor der Berührung mit dem Buddhismus. Da sind die für die Zen-Malerei charakteristischen Züge schon vorgeformt, zum mindesten angedeutet. Dies geht vielleicht auf eine tiefe und verschwiegene Einwirkung des Taoismus zurück. Als der Buddhismus von Indien zuerst in China eindrang und da geradezu revolutionierend gewirkt hat, hat er eine langsame, aber um so tiefere Wandlung durch das Tao erfahren. So wie China im Laufe der Geschichte eingedrungene Fremdstämme sich einverleibt und mit sich verschmolzen hat, so hat es auch geistig sich alles zunächst Fremde angeeignet, um es nur um so schöner und reicher wieder aus sich zu entlassen. Zen ist in der Tat eine Blüte, ja vielleicht die schönste und geheimnisvollste Blüte der unheimlichen Schöpferkraft des chinesischen Genius, und so ist es kein Wunder, daß Zen-Maler sich auf die vorbuddhistische Malerei Chinas aus dem Geiste des Tao berufen können. Denn im Tao Laotses sind viele Motive, die für Zen geradezu fundamental geworden sind. Was im Tao geahnt, ist im Zen offenbar geworden.

Was für die Landschaftsmalerei gilt, gilt ebenso für die kleinen und kleinsten Ausschnitte aus Landschaft und Natur, für die unerhört lebendigen Bilder, auf die mit wenigen Strichen ein Bambusstamm mit wenigen Ästen und Blättern oder ein blühender Zweig oder dergleichen hingezaubert ist. Auch sie sind nur vom leeren, gestaltlosen Raum her gesehen und zu verstehen. Auch hier ist das Verhältnis von Zeichnung und leerer Fläche entscheidend, ja sogar kommt das eigenartige Raumgefühl noch überzeugender wie mir scheint zum Ausdruck. Nichts wäre verfehlter, als darin die schöne Ruhe des Daseins festgehalten und zum Verweilen in unaufhörlicher Anschauung aufgefordert zu finden. Wer diese Bilderschrift wirklich zu „lesen" versteht, fühlt durch die scheinbare Ruhe die pralle Spannung von Werden und Entwerden, von Entspringen und Zurückgleiten, von Erscheinen und Verschwinden hindurch, fühlt, wie das Gewordene im Fluß des Werdens und Entwerdens vibriert – flüchtig, doch unbedingt.

Solche ganz einfachen und einfältigen Bilder, auf denen so verschwindend wenig gezeigt wird, sind voll von Zen und verraten es so laut, daß der Betrachter sich davon überwältigt fühlt. Wer je miterlebt hat, wie bei einer stundenlang sich hinziehenden Teezeremonie der Wechsel des Hängebildes und einer Blume nach einer Pause die Atmosphäre bestimmt, wie die Gäste in tiefe Konzentration versunken aus diesem Bild tiefste Geheimnisse, die keiner mit Worten zu sagen vermöchte, entschleiert fühlen und mit unerhörtem innerem Gewinn den Teeraum verlassen – der weiß, welche Macht von solchen Bildern ausgeht.

Satori in der Dichtung

Daß Satori auch in Dichtung Ausdruck gesucht hat, sei hier nur im Vorübergehen erwähnt. Gerade das Kurzgedicht ist dazu besonders gefügig und geeignet, weil es, ähnlich wie das Tuschebild, das auf Seide oder Papier gemalt ist, nicht nur äußerlich, in der Weise der sichtbaren Anordnung, auf das Verhältnis zum Raume Wert legt, sondern auch innerlich, seiner innersten Form nach, das Eigentliche und Wichtige gar nicht ausspricht, sondern zwischen den Zeilen andeutet. So etwa Basos berühmtes Kurzgedicht: in möglichst getreuer, wenn auch schauderhaft klingender Übersetzung:

Alter Teich!
Frosch springt!
Wassergeräusch!

Das ist alles. Und doch: ist nicht darin das Weltall enthalten? In unbewegter Ruhe plötzlich Bewegung, Leben, das sich lärmend ausbreitet, um wieder zu verschwinden. Was ist all dieser Lärm angesichts der Ruhe, des Schweigens, das Anfang und Ende ist?

Wollte man Maler oder Dichter fragen, Schauspieler und Bogenschützen, wie man dem, was allem Seienden Sein und Atem verleiht, in tanzlosem Tanz werden und entwerden läßt, was sich je und je zeigt, mit Worten beikommen kann, so würden sie wohl antworten: es sei das „Es“, das in allem Gehen und Stehen, Tun und Nichttun da sei, indem es nicht da sei. Das ist eine vielleicht verlegene, aber naheliegende Bezeichnung dessen, was nicht diese oder jene Gestalt hat, aber in allem Gestalteten sein verborgenes Wesen treibt.

Spekulation auf Grund des Satori-Erlebnisses

Für diejenigen, die sich nicht als Maler und Dichter zu äußern vermögen – wie viele später verworfene Versuche sie auch gemacht haben mögen – bleibt als rettender Weg die Reflexion, ja Spekulation. In welche Richtung diese gehen kann und wohin das führt, mögen folgende Bekundungen aus den „Fünf Stufen Rjôkwais von Tôsan“ [8]) dartun.

Erste Stufe

Zur dritten Nachtzeit oder zur ersten Nachtzeit,
 bevor der Mond leuchtet,
Da ist es nicht verwunderlich, wenn einander
 Begegnende sich nicht erkennen.
Und doch bleibt, verborgen eine Spur des
 vergangenen Tages erhalten.

Zweite Stufe

Eine alte Frau, die den Morgen versäumte, steht
dem uralten Spiegel gegenüber.
Sie spiegeln sich wider in völliger Klarheit, da
ist keine Wirklichkeit mehr.
Laß davon ab, schon wieder den Kopf zu verlieren
und Schatten zu erkennen!

Rjôkwai von Tôsan (9. Jahrh.) will damit sagen: Die erleuchtende Schau ist so beschaffen, daß die individuellen Unterschiede des Tages in der Nacht der unterschiedslosen Gleichheit, jenes gestaltlosen Urgrundes als des Mutterschoßes allen Daseins, verschwinden. Denn als unterschiedslose Gleichheit wird jenes rätselhafte und doch so unabweisbar erlebte „Es" interpretiert. Die Unterschiede verschwinden, ohne völlig aufgehoben, d. h. vernichtet, ins Nichts zurückverwandelt zu sein. Sie werden nur in Gedanken negiert, damit das unterschiedslose Gleiche denkbar werde. Wer den Morgen versäumt, der die Unterschiede, in die das unterschiedslose Gleiche sich fallen läßt, wieder hervortreten läßt, steht der Wahrheit gegenüber wie einem Spiegel. Er kommt vom Gedanken des „Es", des gestaltlosen Nichts, nicht los. Er steht, selbst alt geworden (denn er ist in die zeitlose Nacht der Wahrheit eingegangen) dem Nichts gegenüber, noch immer also Einer dem Andern. Zwischen ihnen bleibt nichts Abgespiegeltes, nichts Wirkliches mehr übrig. Aber es sind immer noch zwei da: der Geist, der das Nichts denkt einerseits, und andererseits das Nichts als die gedachte Wahrheit.

Wer also vermeint, im Nichts, das alle Unterschiede auslöscht, die höchste Wahrheit erreicht zu haben, wer sich den Künstlern überlegen glaubt, die nicht loskommen davon, in den Dingen des Tages die Gleichheit, im Gewordenen die adlige Herkunft, im Gestalteten den gestaltlosen Urgrund zu erblicken, die, mit einem Wort, noch nicht abstrakt genug sind, die erleuchtete Schau nicht radikal genug fassen, ist nach Rjôkwai im Begriffe, den Kopf zu verlieren, geistlos zu werden. Er ahnt nicht, daß das Nichts, zu dem er vorgedrungen zu sein wähnt, nur der Schatten der Wahrheit ist, nicht sie selbst. Denn dieses Nichts steht noch immer in Verschiedenheit: es ist der Gegensatz zum Dies und Das, des Einen gegenüber dem Vielen, durch gedankliche Bemühung gewonnen und daher ein leeres Nichts, ein Hirngespinst. Dahin führt die Spekulation, das reine Denken.

Der Meister hat nichts gegen solche Versuche, obwohl der Umgang mit Koans das Denken ausgetrieben haben sollte. Solches Reflektieren ist ein Durchgangspunkt. Man hebt es nicht dadurch auf, daß man es verbietet. Der Meister läßt den Künstler bei seinen Bildern, den Denker bei seinen Gedanken, weil der Weg ja noch weitergeht und im Fortgang die Korrektur enthält.

Verhalten der Zenisten in der Lebenspraxis außerhalb des Klosters

So grundlegend die revolutionierende geistige Wandlung, die der Schüler durch Satori erfährt, auch sein mag, der ganze Mensch ist in diese Wandlung zunächst noch nicht einbezogen. Er ist geistig frei, aber noch weit davon entfernt, in jenem umfassenden Sinne frei zu sein, der es ihm möglich macht, aus der Wahrheit – und nur aus ihr – zu leben. Denn diese Wahrheit – wenn man das Letzte so nennen will – ist noch nicht in Sicht. Nur in Richtung auf sie hin bewegt er sich. Er schaut die Bewandtnis, die es mit allen Dingen, wie mit ihm selbst, hat, aber noch immer ist er etwas anderes als das, was er schaut:

er ist noch nicht eins mit seinem Grunde, d. h. mit der Grundlosigkeit seines Grundes.

Dies kommt jedem, der Satori erlangt hat, schmerzlich zum Bewußtsein, sobald er die stillen Meditationsräume verläßt, um in einen weltlichen Beruf zurückzukehren oder einen solchen erst anzustreben. Im Kloster gibt es freilich auch mancherlei Reibungen; den Neid der Strebernaturen, verschiedenes Niveau, verschiedene Stufen. Aber die Gegenwart des Lehrers gleicht das immer wieder aus. Und so herrscht hier im Grunde Harmonie, Duldung. Aber außerhalb des Klosters beginnt nun das Leben, das einen plötzlich anfällt und den doppelt Empfänglichen doppelt mitnimmt. Nun bewegt man sich wieder im Bereiche der Zwecke und Absichten. Der Verstand, bisher ausgeschaltet, kommt wieder zu Ehren und wird als Werkzeug gehandhabt.

Auch der Künstler, obwohl in seiner Sphäre absichtslos, wird von dieser Berührung mit dem Leben nicht verschont – um wie viel weniger jeder andere. Sogar der Laienpriester wird da hineingezogen. Er heiratet und gerät damit – in Ostasien ist das in besonderem Maße der Fall – in vielfältige Bindungen, die manchmal wie schweres Gewicht an ihm hängen. Dahin ist also die absichtslose Existenz in klösterlicher Geborgenheit! Ein Zwiespalt tut sich auf zwischen dem alltäglichen Leben und einem Leben in Abgeschiedenheit. Sie alle treffen dabei Verhältnisse an, die ihnen nicht zusagen, auch wenn sie über die Kreise, in denen sie sich bewegen müssen, nicht hinausgreifen, keine öffentliche Rolle spielen wollen. Sie gehen nicht auf gewalttätige Reformen aus, warten geduldig ab, in der Überzeugung, daß in der Welt Raum ist für Altes und Neues; daß das Alte vergeht, wenn es Zeit ist, das Neue aber nicht fertig hereinbricht, sondern sich aus Ansätzen des Alten entwickelt. Daher haben sie das Bestreben, sich kritiklos, aber auch selbstlos in den Dienst zu stellen, die Dinge nicht sich, sondern zunächst sich den Dingen anzupassen und weniger auf das zu achten, *was*, als *wie* man es tut, jeden Zustand zunächst sein zu lassen und ihm das Beste abzugewinnen.

In der Stille aber arbeiten sie an sich selbst. Anderen gegenüber sind sie nachsichtig, nicht aber gegen sich selbst. Dies fängt mit Kleinem und Unscheinbarem an, sie nehmen es wichtig, wohl wissend, daß sie nur so dann auch Größeres und Schwereres meistern.

Die klösterliche Erziehung wirkt nach, und ihr entsprechend ist ihre Einstellung: sich nicht über andere beklagen, über Menschen und Verhältnisse, nicht *sie* ändern, sondern *sich* ändern, d. h. Gegenkräfte entwickeln.

Ein feines Gewissen entwickelt sich bei ihnen, unerhörte Redlichkeit üben sie sich selbst gegenüber. Das führt nicht zu Selbstüberschätzung und Selbstgerechtigkeit. Was sie anderen voraushaben – wissen sie –, verdanken sie ja nicht sich selbst. Dankbar sind sie dem Schicksal und demütig angesichts des Weges, der vor ihnen liegt; so daß sie nicht davon sprechen und sich nicht mit Worten zum Zen bekennen. Im Konfliktfall geht man zum Meister. Überdies beteiligen sie sich nach Möglichkeit an wiederholten Meditationsübungen zur Vertiefung und Erweiterung der Schau. Und tägliches Meditieren ist selbstverständlich. (Übungen in der Meditation dürfen ja in keinem Lebensabschnitt unterlassen werden. Es ist nicht so, daß sie etwa nur in der Ausbildungszeit eine Rolle spielen und dann beiseitegesetzt werden dürfen. Auch der Meister muß immer wiederholen: nicht, um das Einswerden zu erreichen, sondern um es zu verfestigen. Und so hat die Meditation geradezu *zentrale* Bedeutung. Alles schon Geleistete wird immer wieder zur bloßen Vorübung für kommende Leistungen, und keiner kann sagen, er sei nun am Ende. Auch der Vollendete nicht.)

Die Zen-Priester

Die angehenden Priester jedoch haben es am schwersten. Sie wissen von dem weiten und beschwerlichen Weg, der vor ihnen liegt. Sie wollen weiterkommen, ihn bis zu Ende, d. h. bis zu ihrem Ende gehen. All ihre Kräfte sind darauf konzentriert. Aber da sollen sie nun, anstatt sich um die Erfüllung ihres Lebenssinnes zu bekümmern, um das Heil anderer besorgt sein! Gern möchten sie das, wenn sie einmal so weit sind, daß sie aus dem Vollen schöpfen könnten. Aber jetzt schon? Sie sind ja selbst noch Anfänger.

Es erscheint ihnen als harte Pflicht, wenn sie an ihre Gelübde erinnert werden, andere zu retten. Sie sollen nun das „Haus“, die fruchtbare Einsamkeit, verlassen, sich ins Alltagsleben mischen, in die Zerstreuung eines Lebens, dem sie doch entsagt haben.

Das macht ihnen zu schaffen. Und sie denken nicht daran, daß man ihr Zögern als Undankbarkeit auslegen könnte. Sie können ja nun nicht, wie alle die anderen, die nach Satori ins Leben treten, still und unaufdringlich in den Kreisen wirken, in die das Leben sie hineingestellt hat, sondern müssen sich in fremde Bereiche hineinmischen und womöglich gerade Menschen gegenüber, deren Umgang jeder gern meidet.

Sie machen dann schmerzliche Erfahrungen: von höflicher Gleichgültigkeit bis zu grober Ablehnung, Mißachtung, Verachtung. Ja sogar Haß begegnen sie,

Haß aus Neid. Ganz von selbst drängt sich ihnen die Frage auf, auf Grund welcher Vollmacht sie die Schlechtweggekommenen stören, beunruhigen. Freilich haben sie ihnen viel voraus, sie sind Gewandelte, man merkt es ihnen an. Aber in einem ganz anderen Raum als dem ihrer schwülen Herzen sind sie geworden. Das nimmt man ihnen übel.

Und was haben sie zu geben? Sollen sie von ihrer beseligenden Schau künden, wie die Maler im Bild? Sollen sie predigen, daß der Mensch unter der Begierde nie frei wird? Aber predigen heißt Worte machen. Das gehört nicht zum Stil des Zen. Das Einzige, was neben der Hilfe in jeder Form (– und wie können sie zupacken, wenn es sein muß – so wie Nachbarn und Freunde helfen!) zu tun ist, ist zu zeigen, daß die Herrschaft der Begierde, das Weltgesetz von Ursache und Wirkung, gebrochen werden kann. Sie können – hätten die anderen nur Augen dafür – zeigen, daß sie selbst frei sind davon. Und da sie von entwaffnender Demut sind, verschließt man sich auch nicht dagegen. Das bedeutet für sie: die anderen nur zu dem anhalten, worin sie selbst vorbildlich sind, also wiederum unablässige Arbeit an sich selbst. Sie können ja das nicht aufs Wort abladen, wozu sie verpflichtet sind. Sie können nicht Nachgiebigkeit, Geduld, Erbarmen, Mitleid predigen und von anderen fordern, ohne selbst diese Forderungen untadelig und erschöpfend zu erfüllen. Denn nicht nach dem, was sie sagen, sondern nach dem, was sie tun und sind, werden sie gemessen. Rhetorik steht im Zen nicht hoch im Kurs. Nicht, wie erbaulich einer redet, sondern wie er sich selbst auferbaut, entscheidet.

Somit müssen sie strengste Selbstkontrolle üben. Und es kann für sie keine Ausreden geben: mir ist halt der Gaul durchgegangen! Der alte Adam. Und keiner wartet, bis von ihm (von anderen) gesagt wird, er sei der Begierde, den Affekten, noch irgendwie unterworfen. Sobald er sich dessen zeihen muß, unterbricht er – ohne aufgefordert zu sein – freiwillig seine öffentliche Tätigkeit, um in abgeschiedener Einsamkeit so intensiv zu üben, bis er jedwedem ins Auge sehen kann, vor allem aber prüfend sich selbst. Unter Hintansetzung sogar von Übungen, die weiterführen könnten auf dem Zen-Weg, hält er es für unerläßlich, die Basis zu reinigen.

Eine unerhörte Disziplinierung macht er so, durch in unablässiger Arbeit, bei der es auf den Zeitaufwand nicht ankommt, unterstützt von seinem Lehrer. Und hört damit erst auf, wenn er weiß, daß er soweit ist. Das bloße Vermuten zählt nicht. Er kommt so zu einer Art von Unangreifbarkeit und Unerschütterlichkeit, als ob er kein Mensch von Fleisch und Blut wäre; als ob alles, was sonst Menschen bewegt und umtreibt, äußerlich an ihm abliefe.

Der äußerliche Erfolg bleibt nicht aus: er wird nunmehr eher anerkannt. Seine Leistung imponiert und scheint, wie man meint, jedem erreichbar zu sein, wenn er nur ernstlich wollte. Man findet nun nichts Außergewöhnliches mehr dabei, er riecht jetzt nicht mehr fatal nach Kloster und geheimgehaltenen Praktiken. Eher mutet er an wie ein Athlet, der durch Übungen, die jeder nachmachen könnte, zu Höchstleistungen kommt. Seine öffentliche Arbeit ist nun schon nicht mehr so durchaus suspekt. Der Kontakt wird leichter. Die anderen empfinden: er ist doch einer wie wir auch. Die Folge ist, daß er den Rang eines weltlichen Erziehers einnimmt, der über die gröbsten Nöte hinweghilft. Verrät er damit aber nicht seine Berufung? Hatte er dazu Satori, den ganzen bisherigen Weg nötig? Ist er dazu Zen-Priester? Er wird also da und dort, wo er auf Verständnis zu stoßen hofft, neben allen seinen Ermahnungen und Hilfeleistungen auf den Weg hinweisen, der zum Heil führt. Welchen

Sinn es hat, über der Begierde zu stehen, und daß dieses Opfer sich verlohnt. Man hört ihn dann vielleicht an, aber weiter reicht es zumeist nicht. Er sieht erst jetzt, wie schlimm es steht.

Bei den meisten Menschen sind die Begierden so eingefleischt, nehmen so breiten Raum ein, daß es hoffnungslos scheint. Aber noch schlimmer! Nicht bloß Herrschaft der Begierden ist anzutreffen, sondern böse Gesinnung: Grausamkeit, Heimtücke, Unredlichkeit usw. Die naiven Sinnenmenschen sind ja noch die zu- und umgänglichsten. Aber anders die Böswilligen: die vom Gegensatz gut-schlecht wissen und bewußt das Gute ablehnen, ja hassen! Ist das nicht erschütternd?

Hat er nicht gehört von der ursprünglichen Buddhanatur aller Dinge? Ja, er hat sie wirklich erblickt, überall: in Bäumen wie in Steinen, in Bergen und Wassern, in Blüten wie im Gestrüpp. Ist sie nicht auch im Menschen zu finden? Jetzt, wo er mit den Menschen zusammenstößt, versagt sein erleuchteter Blick. Er sieht – was es in Pflanzen- und Tierwelt nicht gibt: die abgrundtiefe Verlogenheit des Menschen. Das Tier täuscht nicht vor, spielt nicht Rollen, trägt keine Masken. Buddhanatur eines jeden Menschen? Wie steht es damit, was ist mit dem Menschen? Ist seine ursprüngliche Natur nicht verderbt?

Solche Erfahrungen führen zum Zweifeln und Verzweifeln, und sie führen den jungen Priester wieder zum Meister, zu klärenden Gesprächen, und diese sind jetzt angebracht, denn es handelt sich bei den angetroffenen Schwierigkeiten um Dinge, die verstandesmäßig begriffen werden können. Es beginnt eine Unterweisung, die sich auf lange Zeit erstrecken kann, nicht etwa in Form von Auseinandersetzungen, Vorträgen, Belehrungen, vielmehr wechselnd in der Methode, je nach der Eigenart des Schülers, unterstützt durch ausgewählte Koans, mit deren Hilfe der

Schüler selbst finden kann, worauf es ankommt. Jedenfalls wird die Unterweisung Anweisungen zur priesterlichen Lebens- und Berufsführung zum Inhalt haben, und es wird zur Sprache kommen, was den Schüler bewegt: die Schwierigkeiten des Anfängers, der andere zu retten, als Zwang, Störung, beinahe als Verrat empfindet, der noch nicht den inneren Drang hat, dem es noch nicht selbstverständlich ist, sich um andere zu bemühen; das Schiefe seiner Situation, in der er sich vorkommt wie ein halb ausgebildeter Arzt, den man auf Kranke losläßt.

Dem Priester wird klar werden: daß er sich nicht zurechtfindet, kann vorläufig nicht anders sein. Es liegt nicht an der Verfassung der argen Welt, sondern an ihm selbst, an mangelnder Ausgeglichenheit. Er ist innerlich noch so beschaffen, wie die *Welt* ihn anblickt. Mißerfolg, Verstimmung sollen ihm gerade dies zum Bewußtsein bringen. Daß er selbst in Ordnung komme, ist Voraussetzung für seinen ferneren Weg, sein Mißerfolg somit heilsam. Seine Aufgabe heißt „Bewahrung am heiligen Herzen“, und sich zu bewahren im Umgang mit Dingen und Menschen als Voraussetzung dafür, andere zu retten, ist eine Frage langer Prüfungszeit.

Auf diesem Weg gibt es Gefahren und Versuchungen. Zunächst ist es durchaus verständlich und gar nicht zu vermeiden, daß er, der sich für den Weg der höchsten Wahrheit entschieden hat, aus der Wahrheit, so wie er sie sieht und versteht, zu leben bestrebt ist. Er lebt nach Grundsätzen und wacht darüber, ihnen gemäß zu sein, zu denken, zu wirken. Er hat sich entschieden für das Gute und Edle, gegen das Schlechte und Unedle – ohne zu ahnen, daß mit dieser verantwortungsbewußten Entscheidung schon über ihn entschieden ist. Indem er unterscheidet zwischen dem Guten, dem er sein Leben verschrieben hat und dem Heiligen, dem er dient, und zwischen dem Schlechten und Unheiligen, das er ausrotten will, steht er klar auf der einen Seite eines Gegensatzes. Im Shindji-mey[9]) aber heißt es:

„Die Wahrheit ist nicht schwierig
und läßt keine Wahl zwischen zweierlei zu" ...

Dieses „wählende Zwischen", wie sich Zen-Meister ausdrücken, zeigt sich darin, daß wer das eine ergreifen will, das andere verwerfen muß. So kommt Stellungnahme zustande, die immer einseitig ist. Trotz der Entscheidung des Wählenden für das Gute, hat der Gegensatz auch über ihn Macht. Indem er das Gute (Ideen, Werte) festhält, wird er so unfrei wie der andere, welcher der Begierde unterworfen ist. Auch er ist gefesselt. Wer Lebensgier verwirft, weil in Ideengier befangen, ist noch nicht von Grund aus weitergekommen. Er ist zwar weiter als der naive Mensch der Begierde, da er beide Seiten umfaßt und ihre Spannung, ihre Unvereinbarkeit begreift. Aber noch nicht weit genug: noch nicht darüber hinaus. Er steht noch nicht *über* den Gegensätzen, aus einem Pathos lebend, das sie überwunden hat. Und weil dem so ist, stößt er auf Ablehnung. Der Priester, in dieser Ablehnung Böswilligkeit erblickend, wird um so anspruchsvoller, dünkt sich selbst erhaben und ist voller Tadel für die Böswilligen, unduldsam, noch nicht frei vom Drang, anerkannt, ja verehrt zu werden. So ist auch in ihm ein uneingestandener Machttrieb am Werk, und seine Seelenführung ist weitgehend dessen Äußerung in Gestalt von heiligem Eifer und sittlicher Überlegenheit. Gewiß ist er zur Führung im höchsten Sinne berufen, aber diese, zu der er noch nicht fähig ist, beruht auf einem Niveauunterschied: auch sie ist eine *Macht*, aber unvergleichlich anderer Art. Und heiliger Eifer ist auch dann nicht berechtigt, wenn die Verführten Buddha und die höchste Wahrheit *lästern:* der Priester ist nicht der Advokat dieser Wahrheit, und er wird sich hüten, über Buddha oder Zen zu sprechen!

Wie steht es nun mit den Böswilligen? Irregeführt durch den Verstand, fühlen sie sich als Mitte, auf die alles zu beziehen sei. Dieser Eigenwille, Eigensinn ist Ursache dafür, daß die Buddhanatur in ihnen völlig verdunkelt ist. Der erleuchtete Blick genügt hier nicht mehr, das ist richtig. Der Eigenwille scheint ursprünglich zu sein. Der Priester hat hier keine andere Wahl, als Buddha und den Meistern zu glauben, daß auch im Verbrecher Buddhanatur steckt. So lange muß er es glauben, bis er selbst sieht und weiß und damit unabhängig von Buddha und den Meistern wird. Um zu diesem Wissen, einem Satori höchster Potenz gleichsam, zu gelangen, sind wiederum Übungen nötig. Genau wie früher zur Erlangung des Satori besondere Atem- und Konzentrationsübungen nötig waren, so jetzt Übungen, die sich auf das ganze Sein des Übenden erstrecken, nicht bloß geistig, sondern seelisch und körperlich ihn in Mitleidenschaft ziehen. Er muß sich durch solche Übungen dahin bringen, daß er über alles Gegensätzliche, worin er noch immer befangen, hinausgelangt, wenn auch zunächst und gelegentlich unter Rückfällen: als Voraussetzung für eine Wandlung, die nicht mehr sein Werk ist, sondern ihm geschieht und endgültig wird. Durch seine unglückseligen Erfahrungen ist der Priester dazu nur um so eher bereit und disponiert. Worauf es ankommt, ist, in einem radikalen Sinne ich-los zu werden, so daß das Ich-selbst weder als Vokabel noch als Zumutesein mehr vorkommt, sondern zu einer unbekannten Größe wird. Das Ich-selbst, als bisheriger geheimer oder gewußter Bezugspunkt aller alltäglichen Erlebnisse und beruflichen Erfahrungen muß verschwinden.

Das bedeutet keineswegs, als sollte das „Ich“ durch ein vages „Wir“ abgelöst und ersetzt werden. Denn auch Gruppenerlebnisse treffen den Einzelnen noch immer als ein Ich, auch wenn er nicht individuell, persönlich, sondern im Stil und Tempo der Gruppe darauf reagiert. Das Ich soll vielmehr durch das „Es“ ersetzt werden.

Fürs erste genügt die Forderung: ichlos, selbstlos im Sinne von unpersönlich zu werden, was freilich nicht etwa charakterlos werden heißt.

Übungen, als Fortsetzung früherer, sollen zu vollem Gleichmut führen. Es gilt, gleichmütig allem, was geschieht, zusehen, am meisten, dem, was mir geschieht, so, als gehe es mich im Tiefsten nichts an. Das heißt z. B. über Glückliches, das *mir* geschieht, nicht anders freuen, als geschehe es einem anderen. Und unter Leid, das anderen widerfährt, nicht anders leiden, als widerfahre es mir selbst. Ja sogar: über fremde Freude sich ehrlich freuen können, auch wenn sie mir Leid bringt (wenn z. B. ein anderer mir vorgezogen wird), wie über fremdes Leid betrübt sein, auch wenn das, was dem anderen Leid verursacht. mir Freude verschafft.

Und es versteht sich von selbst, daß ein Jünger Buddhas nicht hassen darf, endlich nicht mehr hassen kann. Ebenso: daß er nicht mehr im alltäglichen Sinne des Wortes *lieben* darf und endlich nicht mehr lieben kann. Dennoch wird er nicht gefühllos, indifferent. Er läßt an seiner reichen Liebesfähigkeit alles und alle, die ihm begegnen, teilnehmen, ohne auf Gegenliebe zu rechnen, liebt unparteiisch, völlig selbstlos, gleichsam nur um des Liebens willen. Und dies nicht, weil es ihm persönlichen Genuß verschafft, einen eigenen Drang stillt, sondern weil er es tun muß aus schenkender Liebe. Diese Liebe also, wenn man sie überhaupt so nennen darf, die nicht mehr in Haß umzuschlagen vermag, steht jenseits von Liebe und Haß. Sie ist nicht wie eine lodernde Flamme, die wieder in sich zusammensinkt, sondern wie eine stille

Glut, gleichmäßig aus sich selbst ernährt. Diese Liebe, die keine Enttäuschung, aber auch keine Ermunterung von außen her kennt, der Güte, Mitgefühl, Dankbarkeit beigemischt sind, die nicht wirbt, sich aufdrängt, Ansprüche stellt, verfolgt, beunruhigt, die nicht gibt, um zu nehmen, besitzt gerade deshalb eine erstaunliche Macht, weil sie keine Macht anstrebt. Sie ist lind, mild und auf die Dauer unwiderstehlich. Selbst die sogenannten toten Dinge öffnen sich ihr, und Tiere, sonst scheu und furchtsam, vertrauen.

Von hier aus wird es verständlich, daß die erstaunliche Naturliebe des Japaners gerade mit Zen in Zusammenhang gebracht wird. Sie ist die reinste und lauterste Form der Dingen sich zuwendenden Liebe, die das Umschlagen in Haß nicht kennt. Viele Beispiele für diese Naturliebe ließen sich anführen. Man denke an das Verhalten des Japaners zur Blume. Hier ist der reinste Fall einer Liebe ohne Gegenliebe: ich liebe die Blume nicht, weil sie für mich blüht, sondern weil sie blüht, ganz ohne Beziehung auf mich, und ich freue mich über ihr Dasein nicht als über mein Eigentum.

Ist man durch diese Schule hindurchgegangen – wie wertvoll, daß nahezu jede Japanerin Ikebana – die Kunst des Blumenstellens – erlernt und daß sogar Männer dieser Kunst huldigen, die früher sogar das Vorrecht der Samurai war –, hat man derart versucht, in eine übergegensätzliche Position zu kommen, dann sind Vorbedingungen für eine fruchtbare Begegnung mit dem Du gegeben: für die Fähigkeit, das Du „an sich“ aufzufassen, unabhängig davon, ob es mir menschlich sympathisch oder unsympathisch ist, mit einem Blick sozusagen, intuitiv, wie etwa ein erfahrener Arzt dem Patienten gegenübertritt. Dann ist die Basis gewonnen, auf der der Mensch in seinem Sosein durchschaut wird mit alledem, was an ihm verbogen, verkehrt ist, aber nun nicht mehr getadelt, verachtet, sondern gelassen als das hingenommen wird, was es jetzt in diesem Augenblick ist. Und je stärker das Kraftfeld des Priesters sich entwickelt, um so weniger gelingt es dem Du, ihn zu täuschen, sich ihm gegenüber etwa so zu verhalten, wie es vorgetäuscht erscheinen möchte. Das Kraftfeld des Priesters wird das Medium, in dem das Du unwillkürlich sich auflockert und entfaltet, eine geahnte Mitte, der es sich hingibt und überantwortet, um von ihr geführt zu werden.

Der Priester aber gewinnt dadurch nicht „sich selbst" in diesem Kontakt mit dem Du, sondern verstärkt das „Es" in ihm. Er fühlt sich von Mächten getragen, die etwas anderes sind als er selbst.

Seine Hilfe für andere besteht im bloßen Da-sein, in einem Nichttun, einem Verhalten, das aber ausgesprochen geistig, einzigartig schöpferisch ist, worin Körperliches, Seelisches, Geistiges zur Einheit verschmolzen ist.

Er wird auf den anderen wirken durch eigenes Beispiel und ihm helfen wie ein guter Nachbar, nicht mit frommen Redensarten. Er wird warten, bis der andere stutzig wird und Rat wünscht. Er wird ihm dann vielleicht Anweisungen geben, seine Pflicht gewissenhaft, treu und selbstlos zu erfüllen. Er wird von Zen nicht reden und warten, den andern auf den Weg zu bringen, so lange, bis der Boden vorbereitet ist. Dann wird er ihn aufklären über den Grundirrtum, sich selbst als „Mitte", auf die alles bezogen werden müßte, anzusehen; auf eigenem Willen zu bestehen und damit das Weltgesetz zu verkehren: die Dinge *sich* anzupassen, anstatt sich *ihnen* anzupassen. Er wird ihn dann im Kleinen zu den Übungen veranlassen, durch die er selbst hindurchgegangen ist, behutsam auf den Weg bringen, des Eigenwillens und der Begierden los zu werden.

HÖHERE STUFEN

Durch Bewahrung am heiligen Herzen hat der Zenist eine neue Basis gewonnen. Das früher Angeeignete ist verfestigt, und damit hat sich bei ihm eine innere Wandlung vollzogen. Von hier aus sind neue Meditationsübungen zugänglich und es geht dabei nun leichter, prompter. So kann eine Stiländerung gewagt werden: Versenkung ohne bestimmtes Thema, also ohne Koan. Denn er ist dahin gelangt, daß der Geist auch ohne Thema wach, ja hellwach bleibt. Er ist nicht mehr auf eine aufgegebene Frage, sondern auf unausgesprochen Gefragtes gerichtet, auf eine letzte Frage, die in Worten nicht mehr gefragt sein kann. Es geht jetzt nicht mehr um Erleuchtung „hinsichtlich" (durch Schau), sondern um Erleuchtung durch *Einswerden.*

Der Geist des sich Versenkenden ist also hellwach. Das heißt: nicht bloß der Geist, sondern alles in ihm, Leib, Sinne und Geist, jenes Insgesamt, das im Kraftfeld eine Rolle spielt. Hellwach ist der sich Versenkende wie ein Wartender, Lauschender, dessen Leben davon abhängt, daß er vernimmt. Aber nicht bewußt lauschend (dann würde er an Bestimmtem haften), er lauscht, ohne zu wissen, daß er lauscht. So ist er von allem leer geworden. Er hat auch kein Bewußtsein der Leerheit. Es ist ein Zustand, den nur herstellen, in den nur geraten kann, wer lange Meditation geübt hat. Von außen gesehen, ist der Versunkene wie tot. Von innen gesehen: im Zustand höchster Freiheit (Leerheit) und höchster Lebendigkeit, gespannt, geballt, aber nicht mehr mit der Tendenz, sich gestalthaft zu entladen, sondern gestaltlos ins Kraftfeld der Gestaltlosigkeit einbezogen zu werden.

Dann kann es geschehen, daß der völlig Entsunkene, sich wie in tiefem Dunkel, das leuchtet, fühlt; daß er Lichterscheinungen hat. Was sie bedeuten, woher sie rühren, weiß ich nicht. Aber es sind Zwischenerscheinungen, die wieder verschwinden und offenbar bedeutungslos sind. Denn sie wirken sich nicht aus. Man ist danach zerschlagen, müde.

Aber dann geschieht, man weiß nicht wie – träumt man es? – folgendes: man ist wie vom Strudel verschlungen, in endlose Tiefen gerissen, aber plötzlich herausgeschleudert und zu sich gebracht. Es ist das ein ruckartiges Erwachen, geschieht nicht allmählich, vielleicht mit Schweißausbruch verbunden.

Nach dem Erwachen ist man aber nicht zerschlagen. Und es ist nicht, als ob man sich den Schlaf aus den Augen reiben müßte. Sondern man ist wie gestärkt. Wie neugeboren.

Man ist also zurückgebracht zu sich und in die Welt. Nach Wiederholung sieht man ein, und dieses Satori wirkt sich nun aus als ein Wissen: das, was ich suchte, liegt in *mir*, und in all diesen *Dingen*. Die *Wahrheit*, das ist diese *Welt, dieses Ding hier, dieses Ding dort* – und ist es *nicht*. Das bin *ich* – und bin es doch *nicht*. Oder: dieses Ding hier ist es und ist es nicht. Es ist etwas und doch nicht das Sein, es ist nichtig und doch nicht das Nichts. Es ist das Sein und das Nichts, das Nichts und das Sein: jedes ist richtig, jedes ist falsch, sobald es gedacht und ausgesprochen wird.

Ich also bin und bin nicht: das ist mein Wesen und Unwesen. Das Gute ist das Böse, das Böse ist gut, und doch wieder nicht. Das Heilige ist unheilig, das Unheilige ist heilig, und doch wieder nicht. Oder: das

Heilige und das Unheilige: das ist die volle Wahrheit – der Unwahrheit.

Die Reflexion verfängt, verstrickt sich. Auf einer früheren Stufe war es so, als ob die Gegensätze und das Übergegensätzliche zweierlei wären, getrennte Regionen! Jetzt hat man erfahren: das Übergegensätzliche „ist" so wenig wie das Gegensätzliche. Keines ist für sich, jedes durch das andere. Wohin man sich geführt sieht, ist weder Pantheismus noch Entheismus, kein Gott, der in die Welt eingeschlossen oder der weltlos wäre. Also Reflexion sein lassen, dafür aber *existieren!*

Und alles ist nun so einfach wie ein Spiel, so selbstverständlich, und man ist nun im Vollbesitz souveräner Freiheit. Diese Freiheit ist nicht Unberührbarkeit durch Freude und Leid, Liebe und Haß, sondern: beides aufs tiefste fühlen können und doch unabhängig sein, sich nicht darin verlieren, nicht darin aufgehen. Und das ist der Unterschied zur Nullpunktexistenz des Stoikers: man ist darüber und darin und doch wiederum nicht. Wer dahin gekommen ist, wird weder durch Leid geläutert, noch durch Haß zerstört, weder durch Freude gefördert, noch durch Liebe sich geschenkt. Er *ist* sich ja geschenkt, indem *er* es nicht ist. Der Tenor seines Verhaltens ist lautere Güte – das einzige, das wächst, je mehr es verschwendet –, Gelassenheit, Vertrauen, Getragensein. Alles, was kommt, kommt recht so. Wer da angekommen ist, lebt anspruchsvoll anspruchslos; wie ein gewöhnlicher Mensch und doch in allem außergewöhnlich, weil in allem anders. Er handelt instinktiv richtig. Ist bescheiden ohne Eitelkeit. Er ist ohne Komplexe, kann in den Tag hinein leben, sich an jedem Tag ganz erfüllend, die künftigen Tage in des Schicksals Dunkel ruhen lassend. Hunde und Kinder lieben ihn. Gab es nicht ähnliche Situationen im *Urchristentum?*

So ist er Persönlichkeit durch Unpersönlichsein. Er kennt keine Todesfurcht, hat sich ja so oft vernichtigt. Und er weiß sich auch im Tode aufgehoben im Sinne des sublatus, elevatus und conservatus – vernichtet, erhöht und bewahrt (als Kraftfeld). Der Gedanke persönlicher Unsterblichkeit ist keine Frage mehr für ihn.

Aber noch immer ist der Weg nicht zu Ende, heißt ihn immer weiter üben, er ist immer unterwegs und es könnte ja sein, daß über dies alles hinaus neue Erfahrungen kommen. Gesetzt nun, es gehört einer zu den Ausnahmen, denen mehr zugemessen ist als den anderen; gesetzt: er hat gewissenhaft weitergeübt und ist mit seinem Eifer nicht abgeglitten: so gerät er in eine neue Weise des Erlebens, die nach anfänglicher Unbestimmbarkeit sich als qualitativ anders als die vorhergehenden zeigt; in eine neue Weise des Seins im Nichts und des Nichtseins im Sein. Es handelt sich um eine neue Weise eines unableitbaren Geschehens. Sie geschieht ohne sein Zutun. Seine Mitwirkung liegt nur in seiner Bereitschaft, Empfänglichkeit.

Dieses rätselhafte Geschehen ist nur seinem Stil, Rhythmus nach zu umschreiben. Der Kern wird damit nicht getroffen. Alle Bilder und Vergleiche stammen ja aus anderen Sphären. Und dabei hätte der Mystiker so viel zu sagen, weil er so viel zu verschweigen hat.

Zunächst: die Technik der Versenkung ist jetzt so vollendet, daß unter Umständen wenige Minuten zur Herstellung voller Versenkung, Konzentration genügen. Beobachter stellen dabei fest, daß weder die Aus- noch die Einatmung betont ist, sondern beide ausgewogen und ins Gleichgewicht gebracht sind. Das ist die eigentlich geistige Atmung.

Die Vehemenz des Herausgerissen-, Herausgetriebenwerdens (dieser eigentlichen Ekstasis) aus dem Nichts mildert sich; immer länger gelingt es, in der Tiefe des Nichts zu ruhen, in die man entsunken war. Das Nichts erscheint hierbei nicht mehr als leuchtendes Dunkel, als spürbares Schweigen; es gibt nichts, womit es noch auszudrücken wäre. So sehr liegt es außerhalb aller Sagbarkeit, Andeutbarkeit, daß die einzige Weise, die ihm angemessen, das unverbrüchliche Schweigen ist.

Man erlebt dann ein allmähliches Zusichkommen. Nicht wie auf einer ersten Stufe fühlt man sich erhoben, so daß man sich an das Licht des Tages und die Vielfachheit des Daseins als leidige Angelegenheit erst gewöhnen muß; nicht wie anfänglich auf der zweiten Stufe gleicht man dem Erwachenden aus unruhigem Schlaf, dem aus dem Schlaf Gerissenen, der sich vergeblich auf das besinnt, was er vergessen, „auf dem Wege hat liegen lassen", wie die Meister sagen, und es nun überall sucht –: die Dinge der Welt. – Sondern man gleicht dem Erwachenden, der nach tiefem erquickendem Schlaf die Augen öffnet und es für selbstverständlich hält, die ihm vertraute Umgebung lückenlos wiederzufinden, als könnte es gar nicht anders sein.

Das also ist das Entscheidende – und damit wird nur von der Weise, vom Stil, Rhythmus des Erfahrens, nicht vom Kern etwas gesagt – ohne Ruck, ohne Erschütterung kommt man zurück; man gleitet sozusagen ins Dasein, als ob kein Sprung zu machen wäre von hier nach dort, von dort nach hier.

Dieser unerwartete Stil des Erfahrens beunruhigt. Man sucht den Grund bei sich selbst, bei mangelhafter Konzentration, (die Versenkung stellt sich ja so rasch ein!). Man übt daher mit aller Gewissenhaftigkeit weiter: man weiß, sich den Kopf zerbrechen hilft nicht. Man hat sich unterdessen ja an so vieles gewöhnen müssen, weshalb nicht auch daran? Aber auch sorgfältig vorbereitete Konzentration – indem man sich Stunden vorher vor Ablenkung schützt, führt zu keinem anderen Ergebnis. Es bleibt bei dieser undeutbaren Weise des Erfahrens.

Den Lehrer kann man nicht befragen. Er hat ja die Führung aus der Hand gegeben. Er würde bestenfalls lächelnd bemerken: die *Weise* der *Nichtweise!* Man ist also völlig auf sich selbst angewiesen. Jeder weitere Schritt muß ohne Hilfe und Rat geschehen. Nur ein großer Meister könnte helfen, aber würde es auch grundsätzlich ablehnen, weil er weiß, daß der Schüler am entscheidenden Wendepunkt steht. Findet er weiter, dann fällt ihm zu, was das Höchste ist. Wenn nicht, bleibt er ein bloßer Techniker. Kommt also über alle Technik hinaus Genie zum Durchbruch?

Man wäre grenzenlos allein und einsam, gäbe es die Entrückung nicht, die auffängt und hält.

Also wunschlos, absichtslos den Weg weitergehen!

Aber von dieser Beunruhigung wird er abgelenkt – nicht zufällig, sondern, wie schon hier gesagt werden muß, zwangsläufig – durch eine Erfahrung, die er mitten im alltäglichen Dasein, also abgesehen vom Stand der Abgeschiedenheit, an sich macht, die so seltsam ist, daß er über sie in Beunruhigung gerät, vielleicht noch mehr als über den seltsamen Stil der mystischen Erfahrung. Sie tritt freilich nicht plötzlich und wie mit einem Schlage hervor, sondern arbeitet sich allmählich hindurch und wird so entschieden, daß sie nicht mißverstanden werden kann.

Er macht an sich die Erfahrung: er hat zunehmende Scheu, ins Dasein anderer einzugreifen, wie er es bisher für selbstverständlich hielt. Es erscheint ihm nicht nur plump und taktlos, sondern verfehlt. Es regt sich in ihm etwas wie instinktive Abneigung dagegen. Und er ist so erzogen, daß er auf solche, selbst leise Regungen achtet und nichts gegen sie unternimmt – etwa unter Berufung auf seine Pflicht. Er hört auf ein *Daimonion*, das warnt, und spürt inneres Gehemmtsein.

Woher kommt das? Ist man des früheren Eifers müde geworden? Zwar steht fest: je erfahrener man wird, um so weniger leidet man unter Niedertracht und Gemeinheit, so wie man sich des Guten und Erhebenden unter Menschen nicht mehr begeistert freuen kann. Man nimmt das alles hin wie Unwetter und Katastrophen. Aber weshalb sollte dies davon abhalten zu *helfen*?

Man kann die neue Wendung auch nicht einer, der erweiterten Lebenserfahrung entspringenden, *Skepsis* zuschreiben: alles Helfenwollen habe immer nur vorübergehenden Wert. Es schleife nur da und dort ab. In ruhigen Zeiten mag es so aussehen, als ob damit etwas ausgerichtet sei. In Krisen dagegen zeige es sich, daß der Mensch der alte geblieben, ja sogar bisher verborgene Abgründe – bemerke man – öffnen sich. Alle Arbeit sei also vergebens.

Dazu stellt sich die bange Frage ein: weshalb sich mit Besserung, Sinnesänderung abgeben? Gibt es denn hierfür nicht andere Instanzen (Erziehung, Elternhaus, Schule, Beruf usw.), die dazu da sind? Weshalb soll man sich da einschalten, zum Richter über weltliche Institutionen aufspielen?

Nur *eine* Aufgabe kann es für den Priester also geben: den radikalen Wandel hervorzurufen, zu ermöglichen, somit nicht in dieses und jenes sich einmischen, sondern nur das Eine verfolgen.

Aber – und hier macht sich das Gehemmtsein erst wahrhaft bemerkbar: nicht in der bisher möglichen Form. Nicht durch Zureden, aufdringliches Hinweisen, Schrecken, Beunruhigen, bis man andere gefangen hat. Man hat nicht mehr den Drang, auf Seelenfang auszugehen, als ob das verdienstlich wäre und die Anzahl der geretteten Seelen Bedeutung hätte.

Helfen also: dadurch allein, daß ich mich nicht an die anderen wende, sondern abwarte, bis sie von sich aus meine Hilfe suchen, bis in ihnen ein Fünklein der Sehnsucht nach einem Leben in Freiheit und Geist aufglüht, den Eigenwillen überstrahlend. Ich gebe ihnen nicht das Meine, sondern das Ihre. Es ist dann, als ob *sie* es seien, die sich meiner geistigen Kräfte bedienen, um frei zu werden: nicht ich, sondern *sie* greifen ein ins eigene Dasein, schneiden ins eigene Fleisch. Nicht mein Wort, nicht meine Tat, sondern mein bloßes Dasein muß überzeugen. Je wunschloser und absichtsloser, um so unwiderstehlicher werden die angelockt, in denen, auch wenn sie es nicht wissen sollten, geheime Sehnsucht entbrennt. Aber wenn sie dann in näheren Kontakt treten, können sie nicht mehr zurück. Es ist, wie wenn eine Macht, unser beider Herrin, durch mich hindurch den anderen ergriffe, ihn auf mich verwiese, zu mir hinzöge. Erst dies führt zusammen und stellt einen Kontakt her, der echt ist und in letzte Tiefen geht. Dann gibt es keine Täuschung und Enttäuschung mehr. Dann wird eine Wandlung von Dauer, nicht eine vorübergehende Stimmung hervorgerufen.

Immer schärfer und unwiderstehlicher tritt damit die Einsicht hervor, daß Gewandeltwerden nicht vom Eigenwillen – weder des Helfenden noch dessen, dem geholfen wird – abhängt, sondern Bestimmung, Schicksal ist. Dem einen fällt es zu, ob er will oder nicht; dem andern ist es versagt, auch wenn er alle Energie aufbietet. Die Letzten können die Ersten, die Kleinsten die Größten sein, wenn es so bestimmt ist.

Die Scheu, einzugreifen, bedeutet somit nicht: unbekümmert die anderen sich selbst überlassen, sondern – und dadurch erhält alle Hilfe ihren unvergleichlichen Rang – helfen durch nichthelfen, überzeugen durch nichtüberzeugen. Damit erst wird das Helfen meisterlich. Solche Hilfe erhielt man bisher vom Lehrer.

Damit wird zugleich eine Auslese getroffen, die noch wirksamer und gründlicher ist als die im Kloster unter den Schülern. Von hier aus versteht man weshalb Zen alle Mission ablehnt.

Diese neue, soeben beschriebene Erfahrung würde auf die Dauer unverständlich bleiben und beunruhigen, wenn sie nicht Hand in Hand mit einer anderen, nur freilich nicht so aufdringlichen Erfahrung ginge, die unmißverständlich ist, ja allererst die Struktur dieser Erfahrung durchsichtig macht.

Im Verhalten zu all dem unterschiedslos Seienden, das zur Umwelt gehört, ist schon immer charakteristisch gewesen: Verzicht auf alle Beurteilungskategorien. Das versteht sich eigentlich von selbst. In völligem Gleichmut Erfreuliches wie Unerfreuliches hinnehmen zu können (wobei das Erfreuliche nach wie vor erfreulich bleibt, man es aber hinnimmt wie das Wetter), das galt immer schon als fundamentale Fähigkeit, die gar nicht genug geübt werden kann.

Damit ist nun ein ausgesprochen unpersönlich-sachliches Verhalten begründet und hervorgerufen. Auf die Fähigkeit, in schlicht hinnehmender Schau bei allem Begegnenden den Wesenscharakter zu entdecken und ihn auszudrücken, wurde schon gelegentlich hingewiesen, auch deren Bedeutung für die Kunst hervorgehoben. Aber ein solches Verhalten hat es schon längst außerhalb und vor dieser buddhistischen Mystik gegeben und ist daher dem Zen nicht ausschließlich eigentümlich. Indessen: die gleichmütige Ablehnung aller Beurteilung wie die ideierende Abstraktion sind nur Vorstufen zu einem höchst eigentümlichen Verhalten von entscheidender Wichtigkeit. Negativ ist zu sagen: es liegt jenseits von subjektiv-objektiv, persönlich-sachlich. Der Wahrnehmende verhält sich demnach weder subjektiv noch objektiv zu den Dingen, ja er verhält sich überhaupt nicht zu ihnen. Beim Wahrnehmen ist ihm vielmehr so zu Mute, als ob nicht er sich zu den Dingen, sondern Dinge sich zu sich selbst wahrnehmend verhielten, seiner Sinne gleichsam sich bedienten, um für sich da zu sein und so das Maximum an Seinsfülle zu erreichen.

Es ist das weit davon entfernt, vage und verschwommen zu sein. Das mag für den Europäer zutreffen, der ohne die Voraussetzungen und Vorübungen diesen Zustand nicht in sich herstellen und also nicht nachfühlen kann, daß diese Art des unmittelbaren Innewerdens im eminenten Sinne klar und deutlich ist. So sehr, daß demgegenüber das Wahrnehmen, welches in das Bewußtsein des Wahrnehmenden und eines Gegenstandes auseinanderfällt, als mangelhaft, abgeleitet, entstellt erscheinen muß.

Damit – im unmittelbaren Innewerden – ist eine eigentümliche Dimension des Seins hergestellt: die Ursphäre im ontischen Sinne[10]), in der alles Form, Gestalt, Sinn hat, aber noch jenseits aller theoretischen Artikulation steht. Aber dem ist hier nicht weiter nachzugehen. Viel wichtiger ist die Bedeutung dieses unmittelbaren Innewerdens, in dem das Seiende sich selbst zu erfassen scheint, hinsichtlich dessen, was daraus für das Leben folgt.

Wer so zu erfahren und erfahren zu werden imstande ist, argumentiert eher von den Dingen, als von sich aus. Die Einstellung des berechnenden, alles auf seinen Vorteil hin besehenden Menschen wird ihm, ohne daß er sich dazu ausdrücklich nötigen müßte, schlechthin unvollziehbar. Er ist darin nicht mehr „frei", sondern fühlt sich – falls er darüber nachdenkt – unter Zwang.

Diese Einstellung – den Dingen gerecht zu werden – kommt beispielsweise im Prinzip des Blumenstellens zum Vorschein: nicht nach eigenem Ermessen formen, sondern so, wie es die Eigenart der Blumen verlangt.

Man läßt jegliches zu seinem vollen Dasein kommen, als ob es ein Recht dazu hätte. Und der, der dazu fähig ist, ist der Zenist – kraft seiner Erfahrung. Durch sie hat er Achtung vor allem Seienden, vor dem, was ist und wie es ist, eingeschlossen alles Lebendige. Er begegnet ihm mit Nicht-Aufdrängen des eigenen Willens, aber sich auch nicht beeinflussen lassend von dessen eigenem Willen (sofern es überhaupt Eigenwillen hat). Er hat Achtung davor, wie wenn das Seiende Manifestation dessen wäre, was ihm zugrunde liegt, von dem es getragen wird. Alles, was ist, ist umfaßt, getragen von dem Einen, Gott, dem Nichts, dem All. Insofern könnte er sich die Formel des Pantheismus zu eigen machen.

Das scheint alles so klar und eindeutig zu sein – und doch, wie vieles spricht dagegen, vor allem in Bezug auf die Menschenwelt (im Grunde genommen *nur* in Bezug hierauf). Wenn sie nicht im argen läge – wozu wäre Zen nötig? Wozu diese strenge Arbeit an sich, die Verbindung mit dem Herzen des Seins herzustellen? An dieser Stelle bleibt die Reflexion stecken. Sie vermag das Dunkel nicht zu klären.

Aber ebenso unverkennbar ist: die mystische Erfahrung nimmt in ihrem Verlauf immer eindeutiger die Struktur an: an Stelle des Seienden tritt in der Versenkung das Nichts und ebenso unvermittelt tritt an Stelle des Nichts das Seiende.

Bis eines Tages im Vollzug dieser Erfahrung, in der man aus Etwas zu Nichts und aus Nichts zu Etwas wird, die Erleuchtung kommt: Das Nichts ist unmittelbar das All. Es ist unmittelbar das Sein des Seienden – und ist es nicht; es ist unmittelbar das Nichts – und ist es nicht.

Es ist dieses hier – und ist es nicht; und dieses Ding da ist es selbst und ist es wiederum nicht. Kurz: jedes Einzelne ist *Ausdruck* des Nichts – und ist es nicht.

Das ist also die Wahrheit – so einfach!? So einfach, daß demgegenüber die pantheistische Deutung – obgleich falsch – kompliziert erscheint.

Darum also hat man sich ein Leben lang gemüht, um auf derart Einfaches zu stoßen! Ja, aber nun muß hinzukommen: diese Wahrheit liegt wirklich auf der Hand. An ihrer absoluten Gewißheit ist kein Zweifel. Man *sieht* es ja in einem Sehen des Nichtsehens, Wissen des Nichtwissens.

Wer dieser Erfahrung, Erleuchtung (in der das Nichts sich selbst erleuchtet) teilhaftig geworden ist, versteht nicht einmal mehr den Sinn von Fragen, die theoretische Neugier stellt: weshalb ist das Nichts das Sein des Seienden, wie wird aus Nichts Etwas? Wie aus Etwas Nichts wird – das weiß man ja durch die Praxis. Also bleibt es bei Ablehnung aller derartigen Spekulation. Je unkomplizierter die Erfahrung bleibt, um so besser. Also auch hier: sie sein lassen, wie sie ist; nicht meinen, es müsse Eigenes hinzu.

Der Zenist ist aufgeschlossen für alles und jegliches, uneingeschränkt – er ist ja dogmatisch in keiner Hinsicht gebunden – *auch* für *Wissenschaft*. Er lehnt ja auch nicht die *Ratio* überhaupt ab, wohl aber, daß sie in der mystischen Sphäre eine Rolle spiele.

Aber selbst in einfachsten Verhältnissen lebt er ein ungeheuer reiches, geistig geladenes Leben. Er kann gar nicht anders. Er lebt ja nicht mehr „sein“ Leben, sondern er *ist* das Leben in seiner äußersten Möglichkeit – indem er es wiederum nicht selbst ist. Er *wird* nicht getragen, sondern er *trägt* alles, was ist, durch *Nicht*tragen. Jeder Augenblick hat für ihn Wert der

Ewigkeit. Er lebt ganz in der Gegenwart, im Augenblick. Nicht im Gestern, nicht im Morgen – und doch wiederum auch darin, sofern es der Rahmen menschlichen Daseins ist, des Zeitlichen und Vergänglichen.

ZEN-BUDDHISTISCHE PRAXIS

Zum Werdegang des Zen-Schülers

Der Schüler wird bei der Einführung in den Zen-Buddhismus auf die allereinfachsten Alltagsangelegenheiten hingewiesen, und nur ganz langsam werden die Anforderungen in jahrelangen Übungen gesteigert.

Die Versenkung als solche an den Anfang gestellt, ist kaum zu vollziehen. Der Weg dazu soll meditativ vorbereitet werden und keiner Vorbelastung begegnen.

Nur die eine Voraussetzung ist gegeben: die des *Koans*. (Koans sind nicht ausgedacht, sondern Ausdruck von gemachten Erfahrungen, welche jedoch paradox undurchsichtig sind, so daß die Erfahrung selbst nicht daraus entnommen werden kann.)

Da bei den Übungen mit dem Koan alles in Frage gestellt wird, was je gegolten hat (selbst die Existenz Buddhas!), wächst bei dem Schüler Unruhe und ein gewisses Unbehagen. Denn schließlich bleibt beim Üben nicht einmal das „Ich, welches zweifelt" bestehen. Alles ist wie ausgelöscht und eingeklammert in eine Loslösung von der Umwelt.

Nur eines bleibt haften: nämlich das Koan. Nur eines ereignet sich: „das Denken".

Nach und nach jedoch wird dem Übenden das fruchtlose Bemühen seiner Einstellung klar. Auf diese Art kann die Lösung nicht kommen. Das mühevolle Nachdenken und sinnlose Grübeln wird entweder langsam oder ganz plötzlich aufgegeben – bis das

Koan allein im geistigen Blickfeld steht. Es ist also nur noch das Koan da, aber kein Ich mehr, das fragt.

Dieser Zustand wird vom rechten Atem unterstützt.

Zwischendurch prüft der Meister mit der ihm eigenen erstaunlichen Seelenkenntnis das Verhalten des Übenden. Der Schüler hat blindes Vertrauen zu ihm gefaßt, sei es in der Anerkennung oder Verwerfung durch den Meister auf diesem langwierigen und schwierigen Weg.

Die mit den Übungen des Koans eingetretene Wandlung gibt dem Schüler ein ganz neues Weltbild. Es findet seinen Ausdruck in der Lebenspraxis und zeigt sich in seiner Gebärde, im Verhalten zum Alltag, in Äußerungen der Kunst etc.

Bei dieser Erneuerung kommt auch das zurückgehaltene „Denken" wieder in Fluß: Rechenschaft wird abgelegt, der Schüler will sich nun über manches klar werden. So macht er Deutungsversuche vielleicht über Erscheinungscharakter und Wirklichkeit, Endlichkeit und Vergänglichkeit, Unveränderliches und Ewiges, Tragendes und Getragenes.

Auf all das geht der Meister nicht weiter ein. Er nimmt sogar den Eindruck geistigen Hochmutes auf sich und die Annahme, daß Meditationspraxis das Denken ausschalte. Freilich soll das Denken nicht überhaupt verworfen werden, es gibt aber ein anderes diesem Stadium angepaßtes Mittel, das vor spekulativer Übertreibung schützt: Es ist jenes geduldige *Sichlassen,* welches die Wurzel zen-buddhistischer Gelassenheit überhaupt bildet. Sie fliegt den Adepten nicht an, sondern muß in andauernder, vielfach recht schmerzlicher Übung erlernt werden. Es muß dahin kommen, daß er nicht mehr fragt und zweifelt, nicht rechnet und hadert, nicht hofft und verzweifelt, sondern sich vertrauensvoll von Augenblick zu Augenblick tragen läßt.

Um *Satori* zu erfahren, muß der Adept ganz besonders lernen, sich zu lassen.

Hat er Satori erfahren, dann kommt es wiederum darauf an, sich im Leben neuerdings zu bewähren.

Dann werden neue Zielsetzungen lebendig, neues Erleben und eine gewisse Bewußtheit in der Seelenführung.

So wird z. B. auch klar, daß die mystische Ekstasis allein nur zur individuellen Selbsterlösung führt, wenn nicht die ernste Fragestellung nach fruchtbarem Leben dazukommt.

Gerade deshalb wird der Adept von neuem auf die praktische Arbeit hingewiesen und auf die Beschäftigung mit der greifbaren Wirklichkeit hingelenkt. So wird der Übende aus all seinem Nachdenken herausgerissen, denn jetzt kommt es vor allem auf die Bewährung mit Dingen und Menschen an, auf das Anerkennen ihrer Eigenart – ganz einfach so indem er sie „sein läßt". Dabei soll er sich für alles offenhalten und dem Entgegenkommenden geduldig und demütig begegnen.

Der Adept sieht zugleich, wieviel an Ausgeglichenheit ihm noch fehlt und wieviel Eigenwille und Eigensinn sich immer wieder einmischt und vordrängt. Auch entdeckt er immer mehr, wie sehr im Unterschied zu Pflanzen und Tieren – durch den Eigenwillen – die „Buddha-Natur" verschüttet ist.

Das Verhalten des Meisters geht schließlich in unaufdringliche Seelsorge über. Vor ihm gilt nur die ständige Arbeit an sich, es gibt keine Ausrede dabei. Sein lebendiges Vorbild wirkt durch ebenso gefestigte wie gelockerte Art auf den Schüler. Überzeugend steht der Meister in der Nähe und merkt in stiller Kontrolle jede Regung und Neigung des Übenden. Immer wieder droht Gefahr zu Eigensinn, Eigenwille, Geltungsbedürfnis oder Personenkult. Auch ein eigenartiger Hang, fern von allem in die Einsamkeit flüchten zu wollen, kann sich bilden. Deshalb ist gerade bodenständige Bewährung in der Welt wichtig. Freilich darf andererseits das innere Weiterkommen nicht versäumt werden, denn es ist die Quelle, aus der alle Kraft fließt.

So lösen sich weiterhin Versenkungsübungen zur Loslösung *von* der Welt und von sich selbst ab mit der Tätigkeit *in* der Welt in einer Steigerung an Intensität und neuer liebender Einsicht in das reine Herz der Dinge.

Für den weit vorgeschrittenen Zen-Pilger kann die Versenkung „ohne Thema" erfolgen.

Sie führt den Übenden weit ab: das „Nichts" selbst wird berührt. Er tritt ein in die Einheit der Leere, in das große Schweigen.

Und doch ist nachher alles ihn Umgebende dasselbe geblieben, wie es immer war: die Blume blüht, die Welle treibt dem Ufer zu. Aber die Augen sehen nach dieser Klärung alles in neuem Licht. Himmel und Erde sind eins geworden. Das Herz schlägt im Einklang von Sein und Nicht-Sein, von Zeit und Ewigkeit.

Alles „Wissen" im alten Sinn ist vergessen, durch „Nicht-Wissen" erstand neues Leben. Zum Ursprung heimgekehrt, zieht er, wo immer er gehe, schlicht und mitliebend, beschenkt, ein Glücklicher, den nun einfach gewordenen Weg.

Der Weg des Übens

Der Zen-Buddhist weiß gut, was zu kultivieren, was zu verlernen und was zu fördern ist. Er weiß es so gut wie der Gärtner, der die Bäume beschneidet. Zu Anfang wird der Zen-Priester nicht jenen Umfang des Wissens, das er selbst hat und ist, erwarten, sondern läßt den Adepten dieses Wissen Schritt für

Schritt erarbeiten. Er weiß, daß man von der ungepflegten Seele nicht sofort das Höchste abverlangen kann. Somit wird – mit feinem Verständnis für ein Versagen – von unten angefangen: mit unbedeutenden praktischen Ausübungen, kleinen Handreichungen, welche mit Gehorsam und Dienen bereits allerhand Geduld, Demut, Ausdauer und Selbstdisziplin erfordern.

Auch die kleinsten Übungen an Selbstdisziplin sind unerläßlich in der Skala der Übungen, die zur Vollendung führen. Wenn es am Anfang fehlt, ist das Ende nicht erreichbar. Am Ende steht ein Verhalten, daß alles aus Zen fließt. Das ist vorher nicht abzusehen. Und auch wenn es nicht jeder erreicht, wird er es doch versuchen. Wohin die Arbeit an sich selbst führt, ist für das Verhalten des Betreffenden bezeichnend.

Ein kleines Beispiel sei hierfür angeführt.

Eines Tages besuchte uns in Japan ein langjähriger Freund, ein japanischer Professor von bekanntem Ruf. Wir zeigten ihm eine neu erstandene Tansu (Kommode), welche mit schönen eisernen Beschlägen verziert war. Er meinte dazu: wenn man ihn vorher gefragt haben würde, so hätte er zu einer noch besseren Ausführung des Möbelstückes raten können. Damit war das Gespräch abgetan. Denn für europäische Gedankengänge schien die Antwort richtig. Jedoch unser Freund machte sich wegen seiner ichbetonten Überheblichkeit nachträglich starke Vorwürfe. Am nächsten Tag erschien er mit Zylinder und feierlich angetan, um sich in aller Form für seine „großspurige" Redensart zu entschuldigen. Dies war zuerst unverständlich; jedoch erklärte er dann, daß er seine Erwiderung im Gefühl von Überheblichkeit getan habe und ihn das nun störe. Wie schlicht, ehrlich und aufrichtig war das empfunden.

Solche Regungen gehören nicht zu Ausnahmen.

Die Übungen fangen also ganz von unten an. Sie können zunächst gar nicht primitiv genug sein. Die Zen-Lehrer halten nichts von der Behauptung, in allem Kleinen und Unscheinbaren dürfe man sich schon gehen lassen, wenn man nur dafür sorge, im Großen und Entscheidenden die Zügel fest in der Hand zu haben. Dieser Irrtum rächt sich bitter. Wer im Kleinen undiszipliniert ist, versagt nur allzu oft an entscheidender Stelle, ganz abgesehen davon, daß es keinen sicheren Maßstab gibt, zu beurteilen, was denn im Einzelfalle als klein und unwesentlich oder als wichtig und entscheidend anzusehen ist. Ein einziges böses Wort, im Unmut hingeworfen, kann Schlimmstes anrichten und ist nicht mehr zurückzunehmen. Es hilft nichts, daß man es nachträglich bereut. Es ist gesagt und wirkt fort. Ja sogar wenn es nur gedacht worden ist und im letzten Augenblick zurückgehalten werden konnte, so ist es auch als bloßer Gedanke, als zurückgehaltene Verwünschung, mächtiger und unheilvoller als man gemeinhin annimmt.

So kommt es darauf an, daß man schon dem leisesten Anflug von nervöser Ungeduld, Unmut und Ärger begegnet, nicht so, daß man sie energisch unterdrückt, sondern so, daß man sie verlernt.

Die Seele wird also einem sorgsamen Training unterworfen, wobei von Anfang an und von Stufe zu Stufe unaufhörliche Selbstprüfung unerläßlich ist. Dies führt nicht zu geistiger Erstarrung und keineswegs zu Unterdrückung wertvoller Regungen. Wenn nötig, wird vom Lehrer fest zugegriffen. Und gerade diese Härte und Unerbittlichkeit hat dem Zen-Buddhismus in den Kreisen der Samurai Eingang verschafft. Bushido – der Weg des Ritters – war nur unter dieser Voraussetzung möglich. Aber auch berühmte ausübende Künstler waren es, die sich der strengen Disziplin unterwarfen.

Gelassenheit

Der Japaner beherrscht die Haltung der Gelassenheit, ohne sie bewußt gelernt oder geübt zu haben. Vorbildliches Verhalten der Erwachsenen, Erziehung, Tradition und die Atmosphäre des alltäglichen Daseins prägen schon die kindliche Sinnesart in unvergleichlicher und bewunderungswürdiger Weise. Diese Gelassenheit ist keineswegs ein Symptom seelischer Trägheit und geistiger Stumpfheit, wie oberflächliche Behauptung glauben machen könnte. Sie ist eine seelisch-geistige Kraft, mit deren Hilfe es gelingt, das Dasein so zu meistern, daß es immer irgendwie noch glückt. Das Schicksal muß schon zu sehr harten Schlägen ausholen, wenn es diese Menschen aus der Fassung bringen oder gar vernichtend treffen soll.

Die Gelassenheit des Zen-Buddhisten ist dagegen noch von anderer Art. Als köstliche Frucht jahrelanger, bewußt gepflegter Übungen ist sie weit davon entfernt, eine bloße Haltung zu bleiben. Sie ist zu einer in ihren Grundzügen erworbenen, dann aber in Vollendung geschenkten Verfassung geworden.

Der Zen-Buddhist ist gelassen, weil er es über sich gebracht hat, sich vorbehaltlos der Führung seines Lehrmeisters zu überlassen. Weil es ihm von Tag zu Tag leichter gefallen ist, den vorgeschriebenen Weg Schritt für Schritt zurückzulegen, nur dem Heute zu leben, ohne sich um das Morgen zu kümmern. Er hat sich davon überzeugen lassen, daß er das Ziel: die Erleuchtung und die Wiedergeburt aus eigenen Kräften nicht zu erreichen, nicht herbeizuzwingen vermag und auf die Hilfe von Gefühl, Verstand und

Wille verzichten muß, wenn er nicht kläglich scheitern will.

Die Gelassenheit, zu der sich der ehemalige Adept in unaufhörlicher Übung aufgeschwungen hat, ist aber nur der Schatten jener endgültigen weder erlernbaren noch verlierbaren Gelassenheit, die dem Erleuchteten in der Wiedergeburt geschenkt wird. Es ist die Gelassenheit dessen, der sich in alle Wege, in all seinem Tun und Lassen getragen fühlt, ohne zu verstehen, wie es geschieht. Er lebt nicht mehr aus sich selbst – denn alles ehemals Eigene, Persönliche, Selbstische ist untergegangen und in neuer Gestalt und Bedeutung wieder lebendig geworden –, sondern er lebt aus der allumfassenden Wahrheit oder, wie die Zen-Buddhisten sagen: aus seiner „Buddha-Natur". Sie ist der namen- und gestaltlose Grund, die selbstlose Wurzel des Selbst, die in der Erleuchtung entdeckt und alsobald wirksam wird.

Erleuchtung, Wiedergeburt, Buddha-Natur

Die Erleuchtung überfällt den Menschen jählings und wirkt sich wie eine geistige Katastrophe aus – das wissen übereinstimmend alle Erleuchteten. Ihr Selbstbewußtsein und ihre Vernunft, ihre Tugend und ihr Gewissen, ihre Überzeugung, Maßstäbe und Wertschätzungen, auf die sie bisher ihr Leben gestellt hatten, sind mit einem Mal nichts mehr nütze. Sie werden nicht etwa probeweise und mit Vorbehalt auf Widerruf in der Schwebe gehalten, sondern ausgelöscht, als wären sie nie gewesen. So unwiderstehlich ist die verwandelnde Macht der Erleuchtung, daß das Leben des Erleuchteten wie in eine neue Dimension gerückt zu sein scheint, neuen ungeahnten Möglichkeiten geöffnet.

Und mit dieser Wiedergeburt wird er zugleich dessen inne, was er im Grunde seines Wesens ist: wird er seiner „Buddha-Natur" inne, wie die Zen-Buddhisten es nennen. (Es wäre entgegen einem eindeutig erfahrenen Sachverhalt, wenn man diese Natur als das „bessere" oder eigentliche „Ich", ja sogar als „Über-Ich" noch zu charakterisieren versucht. In dieser Ursphäre gibt es nichts „Ich"- oder „Selbst"artiges mehr. Diese Ur-Natur ist vielmehr der selbst- und ichlose Grund, die namen- und gestaltlose Wurzel des Selbst.)

Auf die Frage nach der Beschaffenheit der Buddha-Natur würde der Zenist vielleicht antworten: sie sei unbewegt, – falls er Wert darauf legt, begrifflichen Erörterungen nicht auszuweichen. Versucht man aber ihn darauf festzulegen und auf die dialektischen Schwierigkeiten der Beziehung zwischen diesem unbewegten Grund der Seele und ihrer inneren Bewegtheit hinzuweisen, so wird er mit einer entscheidenden Handbewegung dieses ganze Gerede wegwischen und erklären, von der Buddha-Natur könne weder Bewegtheit noch Unbewegtheit ausgesagt werden. Sie sei weder das eine noch das andere, sie sei beides zumal und sei es nicht. Was sie sei, könne nur erfahren, ergriffen, aber nicht begriffen und gedanklich expliziert werden.

Mitfreude und Mitleid

Der Zen-Buddhist verhält sich völlig selbstlos, und dadurch kommt in sein Gefühlsleben Zuverlässigkeit und Beständigkeit. Er freut sich und leidet so, als ob gar nicht „er" es sei, der sich freut und leidet. Es ist ihm zumute wie etwa beim Atmen: nicht „er" atmet, als ob die Atmung von ihm und seiner Zustimmung abhinge, sondern er wird geatmet und hat dabei nur höchstens das bewußte Zusehen.

Nun ist Lust doch zunächst nur als „meine“ Lust, Unlust nur als „meine“ Unlust da und gegenwärtig, Freude nur, insofern sie *mich* beglückt, Leid nur, insofern es *mich* quält. Aber gerade um dieser Ichbezogenheit willen werden die Gefühle dem Erleuchteten verdächtig. Solange solche Gefühle in der Ichbezogenheit stehen und stecken bleiben, sind sie oberflächliche Erscheinungen, die mit dem Grunde seiner Existenz nichts zu tun haben. Erst dann rühren sie ihn an und bewegen ihn in den letzten Tiefen seines Daseins, wenn er sie in einer unbeschreiblich einleuchtenden Weise des Verstehens als Ausdruck der Lust und Qual überhaupt, nicht als seines persönlichen Daseins, zu fühlen imstande ist. Dann weiß er, daß nicht „er“ es ist, der sich freut oder leidet in der Weise eines höchst individuellen und verhängnisvoll subjektiven Geschehnisses, das in der Welt nicht zählt, sondern daß vielmehr die Welt, das umfassende Sein des Seienden es ist, das in ihm und durch ihn hindurch sich freut oder leidet. Was damit gemeint ist, wird man solange mißverstehen als man glaubt, dieses Seinsgefühl komme als Ergebnis einer denkenden Interpretation zustande, als sei also die Reflexion seine Wurzel. Davon kann keine Rede sein. Hier wird nicht gedeutet, räsoniert, nicht zurechtgelegt, sondern hier wird ganz schlicht gefühlt, gesehen und begriffen in der Weise, in welcher der Erleuchtete zu fühlen, zu sehen, zu begreifen imstande ist. Mit dem Verstand ist da gar nichts auszurichten. Hier liegt die unübersteigliche Grenze von Überlegungen, auch wenn sie noch so gelehrig sein sollten. Das wortlose Gefühl jedoch, wenn es keine oberflächliche Rührung, sondern der Tiefe des menschlichen Herzens entsprungen ist, dringt über alle Schranken hinweg ins Innere auch der stummen Geschöpfe und ergreift ihr verborgenes Wesen, so daß der Mensch, jäh betroffen von dem, was sich ihm eröffnet, der grenzenlosen Verwandtschaft alles Lebendigen ansichtig wird, die sein Verstand nicht einsieht und sein Ichbewußtsein nicht wahrhaben will.

Wortscheu

Die Versuchung liegt nahe, den Zen-Buddhisten für gefühlsarm, wenn nicht gar gefühllos zu halten. Nicht deshalb freilich, weil er im Tiefsten unbewegt bleibt. Denn diese Unbewegtheit wird nach außen hin ebensowenig spürbar, als die Meeresoberfläche die Ruhe ihrer Tiefe verrät. Sondern aus dem Grunde, weil der Zen-Buddhist sich hütet, seine Gefühle zur Schau zu tragen, und sie nicht gern in Worte kleidet.

Hinter dieser Wortscheu verbergen sich verschiedene Motive.

Zunächst einmal die bewußt gepflegte, dann aber wie zum Instinkt gewordene Abneigung gegen die Unredlichkeit des Übertreibens. Der Zen-Buddhist weiß infolge seines Werdeganges um die Gefahr, die mit dem Aussprechen von Gefühlen verbunden ist: daß man nämlich mehr ausdrückt, als man fühlt, und daher weniger meint, als man sagt. Zum andern ist er viel zu hellhörig, als daß ihm entgehen könnte, wie leicht es ist, sich von bedrängenden Gefühlen dadurch loszukaufen, daß man sie äußert. Hat man einmal dem, der schweres Leid erfahren hat, gesagt, wie innigen Anteil man an seinem Schicksal nimmt, und spürt man, daß er sich durch diese teilnehmenden Worte verstanden und aufgerichtet fühlt, dann vermeint man nur allzu leicht, man sei ihm und den Gefühlen für ihn durch dieses bloße Aussprechen gerecht geworden. Man verliert ihn aus dem Auge, bald nur noch wie aus weiter Ferne an ihn denkend, und wendet sich fürderhin unbehelligt wieder den eigenen Angelegenheiten zu: man vernichtet dadurch den eigentlichen Sinn des Fühlens und wird von Tag zu Tag oberflächlicher. Zuletzt aber – und hier kommt das entscheidende Motiv zum Vorschein – ist der Zen-Buddhist weit davon entfernt, Mitfreude und Mitleid nur auf den *Menschen* und auf alles, was mit menschlichem Dasein zusammenhängt, zu beschränken. Er umgreift mit diesen Gefühlen *alles*, was da lebt und webt: also auch Tiere und Pflanzen, und selbst die unscheinbarsten unter ihnen schließt er nicht aus. Ihnen gegenüber bleibt das Wort ohnmächtig. Und selbst wenn einige unter diesen Wesen für den Tonfall der menschlichen Stimme nicht unempfindlich sind oder Befehlen nur gehorchen oder mit erstaunlichem Feingefühl die Stimme ihres Herren erspüren, stehen sie doch nie und nimmer Antwort.

Kommunikation mit allem Seienden

Der Umstand also, daß das *Wort* von Mensch zu Mensch Brücken schlägt, darf nicht dazu verführen, Lebensbereiche zu vernachlässigen oder gar zu verachten, in denen das Wort nicht verbindet, keinen lebendigen Kontakt herbeiführt, sondern im Gegenteil Klüfte aufreißt: gleich als ob, was die Stufe des *Menschen* nicht erreicht hat, nur vorläufig im Dasein und daher nicht für wesentlich zu nehmen wäre.

Die Gefühle also büßen dadurch nichts ein, daß sie nicht namhaft gemacht werden. Sie gewinnen vielmehr an Innigkeit und Intensität, je weniger der Fühlende dazu bereit ist, sie in die Dimension des sprachlichen Ausdrucks zu transponieren. Der Zen-Buddhist macht nämlich die immer wieder sich bestätigende Erfahrung, daß es eine *fundamentale Kommunikation* gibt, die alle Daseinsformen des Lebens, also auch die Bereiche des menschlichen Daseins einschließt und um ihrer Unmittelbarkeit willen gerade auf den Weg des Wortes, des Gespräches, des Wechselgespräches verzichtet, ja verzichten muß.

Nur so wird verständlich, daß der Zen-Buddhist es nicht für einen schönen Glauben, sondern für eine schlichte Erfahrungstatsache ansieht, daß aufrichtige Gefühle alle vom Verstande behaupteten Schranken überspringen. Aber noch wichtiger und geradezu entscheidend ist, daß Mitfreude und Mitleid für ihn nicht unverbindliche Privatgefühle sind, die zwar auszeichnen, sein seelisch-geistiges Niveau bestimmen, aber dennoch wirkungslos bleiben und wieder verschwinden, als seien sie nie gewesen. Es ist vielmehr so, und eindeutige Erfahrungen bestätigen es immer wieder von neuem, daß sie, indem sie sind, das Antlitz der Welt verändern. Der Zen-Buddhist begnügt sich daher damit, Gefühle zu haben und zu pflegen. Er verschließt sie nicht zu eigenem Genuß in sich selbst, sondern läßt sie völlig unbekümmert absichtslos in seinem Verhalten sich ausschwingen. Er geht nicht an fremder Daseinslust und Daseinsnot vorüber, ohne sich ihrer anzunehmen und sie durch die Kraft seiner eigenen Gefühle, die doch nicht die seinen sind, zu bestätigen und also zu bestärken, daß sie sich in ihre äußersten Möglichkeiten entfalten.

Im Rahmen dieser selbstlosen Begegnung mit seiner Umwelt wird der Zen-Buddhist dessen inne, daß ihm das Dasein nur glückt, wenn er auch den Umgang mit sich selbst in der rechten Weise versteht und pflegt. Er erfährt, daß glücklich zu sein, nicht ein unverdientes Schicksal, sondern eine Kunst ist, die erlernt und von Stufe zu Stufe gesteigert werden kann. Zur rechten Daseinsführung ist daher erforderlich, daß sich ihm offenbare, was „er selbst“ in Wahrheit ist: daß er also lerne, nicht nur dem, was rings um ihn her ist, sondern auch sich selbst selbstlos zu begegnen; nicht nur das Wesen des Seienden, das er nicht ist, sondern auch das Wesen des Seienden, das er selbst ist, unentstellt zu schauen.

Indem er dies versteht, fragt er nach dem „Sein“ des Seienden und damit nach der umfassenden Wahrheit, aus der alles Seiende und somit auch er selbst ist.

Welche Wege er einschlägt, um Antwort zu erhalten, kann hier nicht weiter erörtert werden. Nur dies eine darf gesagt werden: daß mit der Antwort, wenn sie dem Fragenden überhaupt zuteil werden sollte, die eindeutige Erfahrung verbunden ist, daß keine Bemühungen seines Deutens, und seien sie noch so begründet, noch so gewissenhaft geführt und noch so andauernd durchgehalten, zur Erkenntnis der Wahrheit, zum endgültigen Wissen führen.

Die Wahrheit ergreifen, heißt nicht mehr und nicht weniger als: jenseits des eigenen Denkens von ihr ergriffen worden zu sein. Für diese schlechthin verbindliche Erfahrungstatsache hat der Zen-Buddhist den Begriff „Erleuchtung“ (Satori) geprägt und versteht darunter das fundamentale Geschehnis des jähen Überfallenwerdens. Unbeschreiblich in ihrem Ursprung, ihrem Gehalt nach unableitbar, wirkt sie unwiderstehlich und wiegt keine hergebrachte Gewöhnung und keine noch so scharfsinnige Überlegung gegen sie auf. Das empfindende und fühlende Ich ist auf unerklärliche, aber auch unwiderstehliche Weise durchsichtig geworden für diejenigen Zustände des Daseins überhaupt, die sich in ihm sammeln und licht werden

Die Tragweite der inneren Wandlung, die zu dieser Durchsichtigkeit führt, ist kaum abzusehen. Seit dem Gewandelten das alte und verkehrte Selbstbewußtsein vergangen ist, erliegt er nicht mehr dem Wahn, er müsse den Kontakt mit anderen Menschen außerhalb seiner Lebensgemeinschaft von sich aus allererst *suchen*, als ob der Umfang seiner menschlichen Beziehungen von ihm selbst, von seinem guten Willen, von seiner Wahl abhängig wäre. Er ist vielmehr durch die Erleuchtung dessen inne geworden, daß er grenzenlos mit *allen* Menschen in der Welt, ja sogar darüber hinaus mit *allen Lebewesen* ursprünglich und ohne sein Zutun auf geheimnisvolle Weise verbunden ist und daß somit jede gesuchte oder erlittene Beziehung in Wahrheit nur die Offenbarung jenes Urzusammenhanges ist.

Zen-priesterliches Verständnis

Wie die Erleuchtung, wenn sie dem Adepten zuteil geworden ist, in der Begegnung mit seiner Umwelt und mit sich selbst, zur Auswirkung kommt, ist angedeutet worden. Wie aber verhält er sich als Helfer dem anderen Menschen gegenüber? In Mitfreude und Mitleiden – wurde gesagt.

Nun ist echte *selbstlose* Freude schon eine Kunst, die kaum einer wie von selbst versteht. Noch schwerer aber ist die Kunst des Leidens. Auch wer durch viel Leid hindurchgegangen ist, läuft noch immer Gefahr, den rechten Weg zu verfehlen. Denn der Sinn des Leidens ist verborgen und wird nur dem offenbar, der es zu bestehen vermag.

In der rechten Weise Leid zu bestehen, wird der Zenist dem Leidenden *beistehen.*

Wenn der Zenist und besonders der Zen-Priester, der sich eines Leidenden angenommen hat, zu der Befürchtung Anlaß hat, dieser sei seinem Leid nicht gewachsen, wird er ihn erneut besuchen. Aber diesmal nicht in der Absicht, ihm zerstreuende Besorgungen abzunehmen, sondern ihn innerlich anzugehen. Er tut dies, indem er ihn dazu verlockt, sich seinem Leid zu *stellen* und es sich in seinem Ausmaß und in seiner Tragweite zum Bewußtsein zu bringen. Er wird dem Leidenden zu verstehen geben, daß man schweres Leid weder dadurch besteht, daß man sich ihm trotzig verschließt, noch dadurch, daß man sich ihm verzweifelt ausliefert.

Er wird ihn davor warnen, sich darüber hinwegtrösten zu lassen, noch darauf zu warten, daß die *Zeit* heile. Heil werde der Leidende nicht anders als dadurch, daß er sein Schicksal *bejahe,* und gelassen trage, was ihm auferlegt ist, ohne danach zu fragen, weshalb gerade ihm soviel Leid widerfährt. Wer das vermag – wird er ihm zu bedenken geben –, wächst am Leid und löst sich dadurch von ihm los, daß er immer mehr davon absehen lernt, daß es sein Leid ist.

Er wird ihm klarmachen: in dieser Loslösung bereite sich die Heilung vor und vollende sich, je empfindlicher man wird für *fremdes* Leid, wo immer es einem begegnet, je selbstloser man in der Anteilnahme mitleidet. Dieses Mitleiden sei somit von ganz anderer Art als das zumeist geübte sentimentale Mitleid, jenes nur oberflächliche Gerührtsein von fremdem Leid, das, leicht geweckt und schnell verflüchtigt, im Grunde wirkungslos bleibt, weil es zu wenig selbstlos ist. Das echte Mitleid dagegen stelle die tiefste und innigste Verbindung her unter Menschen, nur daß es nicht ans Wort gebunden sei, zwischen Menschen und allem lebendigen Dasein überhaupt. Der eigentliche Sinn des Leidens – darauf wird er hinweisen – erschließt sich somit nur dem, der den rechten Weg eingeschlagen hat: in der Kunst des Mitleidens.

Hinweise dieser Art wird der Zen-Priester dem Leidenden geben, aber ohne es direkt zu sagen oder gar zu predigen.

Wenn der Leidende durch diese Durchleuchtung seines Befindens erweckt und hellhörig geworden ist, wird er merken, daß nicht Flucht aus dem Dasein und nicht Verneinung des Leids eine Loslösung gewähren können.

Gibt der sich selbst Überlassene dann zu erkennen, daß er mit seinem Schicksal einszuwerden versucht und bereit ist, zu seinem Schicksal ja zu sagen, damit es sich nach seinem Gesetz entfalte und erfülle, dann wird der Helfer sich weiter seiner annehmen. Er wird ihm auf seine Fragen Rede und Antwort stehen, ohne freilich mehr als bloße Andeutung geben zu können.

Sehr viel wesentlicher als das Gespräch, welche Form es auch immer annehmen möge, erscheint ihm etwas ganz anderes: er wird allmählich verstummen und endlich eine geraume Weile völlig schweigsam, tief in sich versunken dasitzen. Und merkwürdig: Dieses Schweigen wird vom Anderen nicht als teilnahmslos, nicht als öde Leere empfunden, die aufregt, anstatt zu stillen. Es ist ihm vielmehr, als sei dieses Schweigen viel gehaltvoller als unzählige Worte es sein könnten. Es ist ihm, als sei er in ein Kraftfeld einbezogen, aus dem ihm frische Kräfte zufließen. Es ist ihm, als lichte sich der dunkle Wald, aus dem es keinen Ausweg zu geben schien. Von einer seltsamen Zuversicht fühlt der Betroffene sich getragen, auch dann noch, wenn der Besucher längst weggegangen ist. Und es kann sein, daß in diesen beglückenden Stunden der Vorsatz geboren wird, den Weg einzuschlagen, der das armselige Dasein zum glückseligen Leben macht.

Der Zenist in Welt, Leben und Alltag

Der Zen-Buddhist weiß, daß es Formen des Verhaltens gibt, die von außen her bestimmt, ja sogar reguliert werden müssen, wenn es zu einem erträglich geordneten und reibungslosen Zusammenleben von Menschen kommen soll. Darüber hinaus weiß er, daß es eine Bestimmung des Willens von innen her gibt, die als moralisch ausgezeichnet zu werden pflegt. Um so entschiedener wehrt er sich dagegen, hilfreiches Mitleid als eine *Forderung* zu deuten, welcher der Mensch sich, sei es aus technischen, sei es aus moralischen Gründen unterzuordnen hätte. Wer zum Mitleid, als ob es ein Gebot wäre, Stellung nehmen, wer sich dafür allererst entscheiden müßte, über den wäre schon – in einem höchst negativen Sinn freilich – entschieden. Mitleid findet und erfüllt vielmehr sein eigentliches Wesen erst dann, wenn es *unwillkürlicher* Ausdruck einer seelisch-geistigen Verfassung ist, die durch Zen hervorgerufen wird, wenn es absichtslos und ganz von selbst geschieht, wie etwa die Atmung: dann erst ist es wahrhaftig lebendig und heilkräftig. In einem so radikalen Sinne ist dies der Fall, daß wer sich als mitleidig „weiß", es noch nicht oder schon nicht mehr ist. So kommt auch kein wahrhaft Mitleidender je in die Lage, sein Tun für verdienstlich anzusehen. Dies schiene ihm als ebenso verfehlt, wie wenn sich einer deshalb für auserlesen vorkäme, weil er atmet. Und wie kein Atmender von sich sagen darf, daß „er" es sei, der atme – denn er *wird* geatmet –: so darf kein wahrhaft Mitleidender sagen, „er" sei es, der mit allem Leidenden mitfühle, gleich als ob es ihm zuzuschreiben sei.

Es ist vielmehr so: es *geschieht* ihm, daß er leidet, wo immer er Leidendem begegnet, ob er es gutheißt oder nicht. Und im tiefsten Grund kann um fremdes Leid nur bekümmert sein, wer von Grund aus unbekümmert ist.

Obwohl der Zen-Buddhist auf seinem Wege unablässig bemüht ist, sich von seinem eigenwilligen Selbstsein loszulösen, von dem fatalen Drang, sich als „Ich" zu behaupten und zu bewahren, ist er dennoch nicht weltabgewandt und noch weniger weltflüchtig. Er steht vielmehr mit beiden Beinen in der Welt, wie sie auch immer beschaffen sein möge, und nimmt sie als Schicksal hin, wie auch umgekehrt sie ihn in sich birgt, damit sich durch ihn hindurch Dasein vollende. Wenn er sich so verhält, so nicht aus vorgefaßter Meinung oder fremder Belehrung zuliebe, sondern auf Grund eindeutiger Zen-Erfahrungen. Sie machen ihm offenkundig, daß, was jeweils da ist, Dasein des Seins selbst und somit dessen Manifestation ist. Diese Urbeziehung wird unabhängig und in den mannigfaltigsten Abwandlungen erfahren und bleibt selbst dann durchsichtig, wenn ein Seiendes wie *menschliches* Dasein etwa sich so weit vom Sein entfernt haben sollte, daß es seinen Ursprung im Sein verleugnet zu haben scheint.

Angesichts dieser Einstellung zur Wirklichkeit erledigt der Zen-Buddhist seine Arbeit gewissenhaft und pünktlich. Was er anfängt, führt er zu Ende und entwickelt dabei eine erstaunliche Energie und Ausdauer. Was er sich vornimmt, soll bewältigt werden, und er richtet sich dabei nicht nach der Uhr.

Dennoch erscheint ihm die Arbeit nicht als der entscheidende Lebensinhalt. Er will täglich Zeit ganz übrig haben für sich selbst, nicht um sich geräuschvoll zu zerstreuen, sondern um in der Stille sich zu sammeln, indem er Bogen und Pfeil zur Hand nimmt oder Blumen stellt oder malt oder nach buddhistischer Art sich versenkt. Dies tut er nicht, um seine Arbeitskraft zu bewahren, seine Arbeitslust zu steigern. Es gehört vielmehr zu dem Weg, den er als Zen-Buddhist zu gehen hat, dem Weg zu sich selbst und über sich selbst hinaus.

Obgleich er sich also freut, wenn er beruflich weiterkommt, wenn er Erfolg hat und seine Leistung anerkannt wird, ist er doch weit davon entfernt, äußere Erfolge als *Maßstäbe* anzusehen, an denen er als der Mensch, der er ist, gemessen werden könnte. Denn was für den Künstler gilt, gilt für jeden irgendwie Tätigen überhaupt: das unsichtbare innere Werk entscheidet über seinen menschlichen Rang: ein Bettler kann von innen her gesehen ein König sein, ein König umgekehrt ein hohler Geselle. Man wird keinen Zen-Buddhisten antreffen, der sich in seiner Beurteilung eines Menschen durch äußere Erfolge, durch bestechende Leistungen beirren ließe. Selbstgefällige Menschen, die sich geschickt aufzuspielen wissen und ängstlich darüber wachen, daß man sie ja nicht übersehe, scheinen für das Zen verloren, und kein Meister kann sie heil machen, es sei denn, sie werden durch ein gewaltiges Schicksal aus ihrem Hochmut gerissen.

Dem inneren Werk gilt tägliche Bemühung und tägliche Übung des Zenisten. Und so ist er täglich, stündlich, immer *unterwegs,* in der Einfalt der Seele und Fülle des Herzens lebt er zeitlos und doch auch in der Zeit, eins mit dem Leben, mit Schicksal und Tod.

ZEN – VON EUROPA HER GESEHEN

Geduld und Selbstbeherrschung im Kleinen

Zunächst sind es die kleinen Dinge, die unter Zucht genommen werden müssen. Damit muß angefangen werden, im Nebensächlichen schon in Ordnung sein, damit die Kraft zuwachse auch zur Bewältigung des Großen.

Erstaunlich und für den Europäer nahezu unbegreiflich, wieviel Zeit auf die Dämpfung und Beherrschung von Äußerungen verwendet wird, die man höchstens als Schönheitsfehler bezeichnen kann. Man schlägt etwa im Unmut die Türe zu. In Ostasien jedenfalls hält man das nicht für ein Symptom von Charakter, Ausdruck kraftvoller Persönlichkeit, sieht es nicht als Entgleisung an, die man nicht ernst nehmen darf. Wer so etwas getan hat, wird es also nicht, wie der Europäer, für situationsgerecht finden oder bestenfalls wie entschuldigend zu sich sagen: da ist mir halt der Gaul durchgegangen. Sondern: er geht zur Türe zurück, öffnet sie, schließt sie leise und sagt zu ihr: ich bitte um Entschuldigung. Von da ab beachtet er unwillkürlich, wie er Türen schließt. Oder er hat ein Paket erhalten. Neugierig reißt er ungeduldig Schnur und Papier weg. Zu spät fällt ihm ein, wie schlecht ihm Neugier und Ungeduld zu Gesichte stehen. In Zukunft nimmt er sich zusammen, löst Schnur und Umhüllung sorgfältig, legt sie sorgsam gefaltet auf die Seite, um dann erst zum Inhalt überzugehen. Oder: er erwartet einen wichtigen Brief. Der trifft ein. Wie leicht überläßt man sich da dem Impuls, ihn aufzureißen und zu überfliegen. Wenn so, dann verurteilt er sich selbst dazu, einen erwarteten Brief beiseite zu legen, etwas anderem sich zuzuwenden, bis er die Hast überwunden, den Brief vergessen hat, und wenn er ihn später vornimmt, öffnet er ihn, wie wenn der Umschlag kostbar wäre.

Der Europäer wird denken: die müssen Zeit haben. Nein, sie haben nicht Zeit, sondern nehmen sich Zeit. Er wird sagen: die haben Sorgen! Nein, sie wollen sorglos werden! Wird fragen: was kommt denn dabei heraus? Es kommt heraus, daß die, die im Kleinen und Unbedeutenden geduldig werden und sich beherrschen, es auch in allem Großen und Entscheidenden eines Tages sein werden.

Der Europäer braucht nur sich selbst und seinesgleichen zu beobachten, um zu sehen, wie herrlich weit er es mit seiner Methode gebracht hat, die in der Tat nicht kleinlicher Pedanterie untertan ist.

Zen hat keinen Drang nach Macht und Propaganda

Ein Priester, ein Meister wartet, bis er gesucht wird. Er hat ja das Wartenkönnen gelernt. Er zieht aber magisch alle an, denen das Leben zur Not geworden ist. Er nimmt auch nicht alle mit offenen Armen auf. Wenn aber der Meister einen erwählt für den Zen-Weg, dann entscheidet der Fortgang, die Entwicklung diese erste Wahl. Je langsamer einer reift, um so besser. Zen wird nicht durch die Anzahl der Anhänger bestätigt. Versager können sich nicht halten. Der Fragende, wenn er begreift, wie unbegreiflich Zen ist, ist dadurch der Wahrheit nähergekommen.

So geheimnisvoll, unausdenkbar, unsagbar die einmal zu erreichende mystische Erfahrung auch sein mag: der Weg zu ihr hin soll es nicht sein. Er soll für jeden, der guten Willens ist, gangbar werden, wenn vielleicht auch nur stückweise, je nach dem Teil, der ihm schicksalhaft zugemessen ist. Es herrscht also im Zen eine vertrauenerweckende Sachlichkeit. Dabei ist es nicht weiter verwunderlich, daß aus demselben Grunde, aus dem der Weg schematisch und thematisch in Einzelschritte zerlegt werden muß, die Erlernung und Aneignung dieser Schritte mechanisiert wird. Es besteht geradezu ein Drill, der reichlich geistlos anmutet. Es muß alles mit unbedingter Sicherheit klappen.

Dem Europäer – nicht dem Ostasiaten – fällt dabei zunächst schmerzlich auf, daß die Lehrer bei der Ausbildung auf persönliche Eigenart der Schüler keine Rücksicht zu nehmen scheinen. Sie lassen Sonderformen der Entwicklung und individuell differenzierte Auswirkungen dieser Entwicklung nicht zu, unterdrücken sie, machen sie verächtlich, spannen alles über einen Leisten.

Man kommt aber – um das zu verstehen – damit nicht weiter, daß man sagt: der ferne Osten sei eben unpersönlich. Im Gegenteil: die Meister wissen sehr wohl, daß es tiefgreifende individuelle Unterschiede gibt, aber sie wissen auch – und auch hierin unterscheiden sie sich von Europäern –, an welcher Stelle allein im Bereiche der Mystik sie zum Vorschein kommen dürfen, nicht nur zu dulden, sondern berechtigt sind: Jedenfalls nicht auf dem Wege zum Ziel der mystischen Erfahrung; denn da kommt es im Gegenteil darauf an, alles Individuelle und Persönliche zu negieren, unschädlich, kraftlos zu machen, um die Schranken zu entfernen und völliges „Leersein“ herzustellen, auch von Persönlichstem. Dazu kommt, daß es im höchsten Sinne fraglich ist, ob die Eigenart, die einer von Natur mitbringt, überhaupt schon „persönlichen" Rang und Wert besitzt. Die Meister leugnen dies – wie mir scheint – mit vollem Recht. All dies Kantige und Eckige, worauf wir so stolz sind, ist vielleicht geradezu „unpersönlich". Den Lehrern gelingt es, diesen anscheinend geistlosen Drill durchzusetzen, durch ihre erstaunliche psychologische Erfahrung – denn sie haben ja denselben Weg zurückgelegt –, der ein in Jahrhunderten gehäufter Schatz von Erfahrungen noch überdies zur Verfügung steht. Große Meister leisten in dieser Hinsicht nicht nur Erstaunliches, sondern geradezu Unglaubhaftes. Der Schüler, der in ihre Fähigkeit, seine Seele bis in ihre letzten Winkel hinein durchschauen zu können, Zweifel setzen sollte, wird sehr bald belehrt, daß er sich vergebens – sei es bewußt, sei es instinktiv – zur Wehr setzt. Freilich kommt der ostasiatische Schüler selten in diese Lage. Die rückhaltlose Verehrung des Lehrers liegt ihm sozusagen im Blute: ein Stück alter ostasiatischer Tradition. Denn der Meister gibt ihm doch sein Bestes, das auch das Beste des Schülers sein wird, sein Bestes in geistiger Hinsicht. Es besteht am wenigsten in Gedanklichem, das sich ablösen und so den ursprünglichen Träger vergessen läßt, sondern in jener geistigen Kraftfülle, die nur der Erfahrene, und folglich nicht aus sich selbst, besitzt.

Wenn der Schüler zu eigenen Erfahrungen soll gelangen können, verdankt er dies ausschließlich seinem Lehrer. Diesem ist das Schicksal seines Schülers wie das eigene wichtig und wert. Von dessen blindem Glauben an seine Führungskunst kauft er sich nicht durch schöne Redensarten los, sondern opfert sich auf im Dienst seiner heiligen Verpflichtung. Er hat – und das ist besonders hervorzuheben – immer Zeit für seine Schüler.

Der Schüler tritt ihm daher mit restlosem Vertrauen gegenüber, glaubt an ihn mit jugendlicher Inbrunst, schwört auf jedes seiner Worte, liefert sich ihm bedingungslos aus. Der Meister weiß und fühlt zwar, daß *ihm selbst* Dank, Verehrung, Vertrauen, Liebe seitens der Schüler nicht zukommen; denn seine Kraftfülle stammt ja nicht aus ihm selbst und dem, was er in eigenem Bemühen aus sich gemacht hat, sondern aus der *unio*. Und folglich bildet er sich nichts darauf ein. Aber er verbietet es auch nicht, sondern nimmt es mit feinem Lächeln auf: weil der Schüler, solange er auf die geistige Führung des Meisters angewiesen ist, noch nicht hat, worauf er sich mit ganzem Herzen beziehen könnte, sondern es allererst sucht (und wenn er es einmal hat, so wird diese Beziehung nicht Glaube und Vertrauen sein, sondern Wissen!). Aber auch wenn der Schüler das Letzte nicht erreicht hat, bleiben Dankbarkeit und Verehrung bestehen (der Glaube ist gegenstandslos geworden) fürs ganze Leben.

Der Meister kann verlangen, was er nur immer will – der Schüler tut's. Nicht in äußerlicher, zur Schau getragenen Beflissenheit des Strebers (der verschwindet sehr bald aus der Schule), sondern aus innerstem Antrieb. Man muß wissen, wie Schüler untereinander vom Meister sprechen, um dies verstehen zu können, mit einer Art heiliger Scheu. Denn der Meister ist für sie Vorbild und Urbild, und die gerade in dieser Hinsicht überaus scharfen und empfindlichen Augen der Schüler können an ihm kein Fehl entdecken, obwohl sie sich Tag für Tag um ihn bewegen. Wehe, wenn es anders wäre! Dann bräche im Schüler eine Welt zusammen. Und der Lehrer, wenn er sich einer selbst nur geringfügigen Verfehlung bewußt wäre, würde freiwillig sein hohes Amt aufgeben, d. h. darauf verzichten, andere zu führen. Denn auf dem weiten und entsagungsvollen Wege gibt es Hemmungen, Enttäuschungen, Versagen so oft, daß der Schüler, wenn er nicht blindes Vertrauen zum Lehrer haben könnte und die Berechtigung dieses Vertrauens immer wieder bestätigt fände, nicht durchhielte. Dieser Glaube allein hält den Schüler; nicht die Überzeugung, daß er das Ziel erreichen wird, wohl aber die: daß der Lehrer ihn recht führt — soweit zu kommen ihm bestimmt ist. Und sollte er vor Erreichung des Zieles abbrechen müssen: so viel weiß er — weil viele, alle es wissen —, daß auch nur ein Stück dieses Weges zurückgelegt zu haben, ein Leben wert ist. Was ihn aufrecht erhält, ist also nicht unmittelbar der Glaube an ein Ziel: das ist fern und noch unwirksam, aber doch durch den Lehrer hindurch wirksam; somit ist der Glaube an den Lehrer indirekt der Glaube ans Ziel.

Nimmt man dies alles zusammen: Schematisierung des Weges, Mechanisierung des Unterrichts, Verhältnis von Lehrer und Schüler: dann versteht man, weshalb es im fernen Osten im Bereiche der Mystik von Anfang an zu „Schulen" kam. Weshalb man da in der Lage war, weder den Weg noch die Erfahrung der Wahrheit noch das Leben des Eingeweihten dem bloßen Ungefähr zu überlassen, sondern an planmäßige Erziehung und Beeinflussung heranging. Mystische Schulung und Schulen in diesem Sinne hat es im Abendland nie gegeben — auch nicht als tastenden Versuch. Von mystischen Epochen abgesehen, wartet man dort bis ein mystischer Meister vom Himmel fällt, der dann, wie ein Meteor, nach kurzem Aufleuchten, wieder verschwindet. Was er etwa an Aufzeichnungen hinterlassen hat, wird vielleicht eine Zeitlang viel gelesen und bewundert und bleibt insofern nicht ohne jeglichen Einfluß auf eine kleine und anhängliche Gemeinde, die aber auf die Dauer nur an das, was er angeregt hat, sich halten kann;

jeder entnimmt daraus, was gerade ihm zukommt, und schließlich zersplittert sich die Gemeinde in der Auslegung seiner Worte. Er hat wohl Herzen entflammt, aber sie brennen nicht weiter, weil sie nicht auf den Weg gesetzt worden sind, der aus eigenen Erfahrungen Stoff genug liefert, daß die Flamme nie erlischt.

Vielleicht würde sich der Europäer gerade an den Voraussetzungen des Zen-Weges stoßen, er hätte ja am meisten umzulernen, und er wird „theoretische" Probleme sehen: die Ichhaftigkeit des Menschen etwa. Wie steht es damit?

Ichhaftigkeit des Menschen

Die Ichhaftigkeit gehört zweifellos zum Wesen des Menschen wie etwa Flügel zum Vogel. Insofern ist sie durchaus in Ordnung. Dennoch bereitet sich ein Abfall des Menschen gerade in dieser Ichhaftigkeit und durch sie vor. Indem der Mensch sich von allem, was nicht er selbst ist, was nicht zu ihm gehört, immer gründlicher unterscheiden lernt, wird die Spannung zwischen Ich und Nicht-Ich als Gegensatz empfunden. Allem, was ist, als Objektivem gegenüberzutreten, führt – je bewußter, um so mehr – dazu, daß das Ich sich außerhalb stellt – außerhalb dessen, was ihm „entgegen" ist. Für das Denken ist diese Haltung in Ordnung. Sie ist die Brücke sogar zum Vollzug, in wachsenden Horizonten zu leben, der Vielgestaltigkeit des Daseins bis ins verschwindend Einzelne ansichtig und gerecht zu werden und darüber das Ganze nicht verlieren. So vermag menschliche Individualität sich in einem aufs engste zusammenzuziehen und grenzenlos zu erweitern.

Aber diese Haltung überträgt sich nun auch auf alle Weisen des Verhaltens, also auch auf diejenigen, in denen das Ich nicht „gegenüber" verharren, sondern im Nicht-Ich aufgehen und gar verschwinden sollte. Zwar ist nicht zu leugnen, daß sich auch der Europäer zuweilen selbstlos in den Dienst einer Sache stellt; aber dieser Selbstlosigkeit ist er sich dann bewußt und möchte sie angerechnet wissen. Sogar von seiner Liebe verlangt er, daß er sich bereichert wiedergeschenkt werde, je vorbehaltloser er sich hingibt. Je mehr aber der Mensch in allem, was er denkt, schaut, fühlt, liebt und haßt, als er selbst dabei ist, diese Bewußtheit des Daseins als Auszeichnung und Auftrag empfindet, je mehr er sich in allem Tun und Treiben als verantwortlich weiß, um so rascher gelangt er dahin, das Ich großzuschreiben. Ob er es weiß oder nicht, überall spukt es und stört es und zerstört die so überaus empfindlichen Beziehungen zwischen ihm und dem vielfältig Seienden. Alles, was er auffaßt und anfaßt, ist so schon von vornherein verdorben. Der Weg des Menschen zu sich selbst — dieser ebenso abenteuerliche wie gefährliche Weg — hat sich abschüssig erwiesen. Die Ehrfurcht vor allem Seienden, nur einfach deshalb, weil es ist, hat er von Tag zu Tag mehr verlernt in dem Maße, in dem er ein Ich sein will. Er dreht sich um sich selbst; in seiner Sorge um sich selbst kommt es an den Tag: Wohl und Wehe seiner Person, Freude und Leid, Geltung, Macht, Ehre — das ist seine Daseinsthematik. Er hat das stolze Bewußtsein, alles geordnet, d. h. auf sich hingeordnet zu haben, den Spielraum des Unberechenbaren, Chaotischen immer mehr einzuschränken. Das nennt er Fortschritt, Kultur!

Wenn ihm hie und da bang ums Herz wird, hält er das für lästige Stimmung, deren seine Vernunft Herr werden müsse. Und selbst dies stört ihn nicht

er ins Haus der Wahrheit zurückkehre, und zwar so, daß er aus sich selbst lebe, als werde er gelebt, und daß er gelebt wird, indem er aus sich selbst lebt, so daß Freiheit und Notwendigkeit eins geworden ist.

Unterschied zwischen Zen in Einzelkünsten und der Methode des Zen-Wegs

Hier liegt auch der Unterschied zwischen Zen in Einzelkünsten und der Methode des Zen-Weges. Auch in den Einzelkünsten wird körperliche und geistige Lockerung und eine dadurch bedingte innere Wandlung erzielt. Aber nicht so radikal wie im Zen selbst. Auch da erfolgt eine Zurückdrängung der übertriebenen Ichhaftigkeit, aber nicht deren völlige Verneinung. Aber jede dieser Künste weist über sich hinaus und ist ein Weg zum Zen hin, zur kunstlosen Kunst, welche der Zen-Weg vollendet. Der Zen-Weg kann sich deren Ertrag zunutze machen.

Die Mitte des Seins

Wenn sich in dem Ichhaft-werden des Menschen sein Abfall von der Mitte angebahnt hat, so ist seine Ichhaftigkeit als solche doch durchaus zum Wesen des Menschen gehörig nicht anders als der Flügel zum Vogel oder die Krone zum Baum. Sie hat also zunächst gar nichts Verdächtiges an sich, nichts, wovon sich die Exzentrizität des menschlichen Daseins herleiten ließe. Nur ihr Mißbrauch führt dazu. Und nicht anders steht es mit der fundamentalen Spannung zwischen Ich und Nicht-Ich, mit jenem erregenden Wechselspiel der Beziehungen und der Trennung, dessen Ergebnis in fortschreitender Auseinandersetzung die entschiedene Aufteilung des Seienden in die beiden Bereiche des Subjektiven und des Objektiven ist – derart, daß es, je sicherer die Kunst der Unterscheidung fortschreitet, um so rätselhafter erscheint, auf welche Weise das eine Sein sich diesen beiden verschiedenen Reihen mitgeteilt haben könne.

Eine weitverbreitete Fehlspekulation ist eilfertig bemüht, das Rätsel dadurch zu lösen, daß sie in der Subjekt-Objekt-Spaltung den eigentlichen Grund der Verfallenheit des Menschen glaubt erblicken zu können:

Das selig in sich selbst ruhende eine Sein wird durch das erwachte und seiner selbst mächtige Bewußtsein angetastet und in entstellten Bildern wiedergegeben. Dem Zwiespältigen, Gegensätzlichen, Disharmonischen gegenüber erscheint dann die ungebrochene Einheit, die Subjekt-Objekt-Identität, als *Urphänomen* des Seins und wird mit mystischen Ehren überhäuft.

So richtig es nun auch immer sein mag, das Identische dem Verschiedenen, die Einheit der Vielheit, das Indifferente dem Differenzierten, das Übergegensätzliche dem Gegensätzlichen vorauszusetzen, so wenig hat es mit diesen Gegensatzpaaren schon irgendwelche *mystische* Erheblichkeit. Damit, daß der Verstand das Identisch-Eine nicht denken kann, es sei denn im Medium der Zweiheit, ist noch nicht gesagt, daß es Gegenstand und Thema mystischen Innewerdens sein müsse.

Für den Zen-Buddhisten, welcher sich durch keinen spekulativen Einschlag trüben läßt, steht das eigentliche Mystische nicht nur jenseits des Vielen, Gegensätzlichen und Differenzierten, sondern auch jenseits der Gegensatzpaare Einheit-Vielheit, Identität-Verschiedenheit, Übergegensätzlichkeit-Gegensätzlichkeit. Und selbst dies darf nicht behauptet werden, weil es sehr eindeutigen mystischen Erfahrungen zuwiderläuft, sie also entstellend wiedergibt.

Würde der Zen-Buddhismus es für wichtig halten, sich in Anlehnung an die hier gebrauchte Terminologie zu diesem Problem zu äußern, so würde er sich nicht anders als folgendermaßen ausdrücken können: die *Mitte* des *Seins* steht insofern *jenseits* von Einheit und Vielheit, Identität und Verschiedenheit, als sie *nicht* jenseits davon steht. Und da jenseits davon stehen und nicht jenseits davon stehen wieder ein Gegensatz ist, so würde er seiner Erklärung hinzufügen: die Mitte des Seins ist weder das Eine noch das Andere, weder beides noch nicht beides und kann durch Mittel des Denkens überhaupt nicht beschrieben werden, nicht einmal andeutend umschrieben werden. Wer wissen will, was sie ist, muß den Zen-Weg beschreiten – es gibt keine andere Wahl.

Abfall und Wesenserfüllung des Menschen

Wodurch aber kommt es dann zum Abfall des Menschen? Sein Abfall bahnt sich erst dadurch an, daß er überhört oder mißversteht, was mit ihm im Grunde gewollt ist. Wie kein anderes Wesen außer ihm ist er daraufhin angelegt, nicht nur unbefangen aus der Mitte des Seins zu leben, sondern in unbefangenem Verständnis dieses Lebens den geheimen Sinn allen Daseins zu offenbaren. Ihm ist, als äußerste Möglichkeit freigestellt, den Bannkreis seiner Individualität zu sprengen, in innerlichen Kontakt mit allem Seienden zu treten, allüberall im Fremden dem Verwandten zu begegnen, im Verwandten sich selbst zu erblicken und in diesem Selbst der Mitte des Seins inne zu werden, so daß er ebensoviel lebt, als er gelebt wird.

Alle Wesen und Dinge unterhalb des Menschen leben nicht, sondern werden gelebt. Mit nachtwandlerischer Sicherheit führen sie ein in sich gekehrtes Dasein, und keine der Beziehungen, in die sie treten, wird ihnen durchsichtig. Sie haben keine Weise, sich zu öffnen und offen zu halten, sich zu erschließen und erschließen zu lassen. Was immer sie tun oder leiden mögen, ist nicht für sie selbst da. In namenlosem Dasein sind sie selig in sich selbst befangen, aber sie kommen nicht zum Genuß ihres Daseins.

Mit dem Menschen dagegen ist das Neue und Unerhörte gesetzt, daß er erfülle, was in seinem Wesen versprochen ist: indem er allem Seienden sich neigt, es in Liebe umfaßt, wo und wie es ihm begegnet. In Liebe, die nicht rechnet und berechnet, sondern sich verschwendet und nur im Verschwenden immer reicher und tiefer wird. Nur so gelingt es ihm, sich aus der strengen Haft der Individualität, in die er, dem Tier und der Pflanze gleich, gebannt ist, Schritt für Schritt zu *befreien.* Er wird sich endlich geschenkt als das, was er ist: als das HERZ des Daseins, als welches das Sein sich zeigt.

Was er leidet, was ihn freut, vermag er kund zu tun im Wort, zu dem er *er-nennt,* was ihm widerfährt. Aber noch wesentlicher ist, daß er unter fremdem Leid leidet, über fremde Freude sich freut, und dadurch untereinander und mit sich verbindet, was ohne ihn auseinanderfallen müßte, als ob es niemand anginge. Und noch viel wesentlicher ist, daß er mit Neigung und Liebe nicht nur alles, was da lebt, sondern auch das wie es scheint unlebendige bloß stoffliche Dasein umfasse. EHRFURCHT vor allem Dasein ist die Formel des Zen-Buddhismus, und in ihr verbirgt sich das Geheimnis des Zen.

Auch die kühnsten Konstruktionen können auf dem Wege des Denkens gerade das nicht ausfindig machen und postulieren, was nur auf dem Wege der originären mystischen Erfahrung geschenkt und unmittelbar verstanden wird. Erst nachträglich, erst im Anschluß an mystische Erfahrung bestreitet der Zen-Buddhismus dem Denken nicht die Möglichkeit, sich der mystischen Gehalte zu bemächtigen. Aber mit den Aussagen, die dabei herauskommen, kann doch nur der Erfahrene etwas anfangen, und daher kann er ohne sie leben. Der Unerfahrene aber wird durch sie, wenn er sie sich anzueignen versucht, nur noch tiefer in das Gefühl der Aussichtslosigkeit gestoßen, und für ihn wirken sie daher wie Gift.

So hätte etwa dem *Vielen* die ungebrochene *Einheit*, dem *Verschiedenen* die *Identität*, dem *Gegensätzlichen* die *Übergegensätzlichkeit* des Seins gegenüberzustellen auch für den Zen-Buddhismus einen guten und begrifflich legitimierbaren Sinn. Aber er ist – auf Grund seiner Erfahrungen – unter keinen Umständen dazu bereit, das übergegensätzlich, indifferent und identisch Eine für *ursprünglicher* zu halten als das Gegensätzliche, Differenzierte und Viele und es deshalb mit *mystischen* Ehren zu überschütten. Freilich steht auch für ihn das Übergegensätzliche jenseits aller feststellbaren Gegensätze, befindet sich aber gerade deshalb noch immer *im Gegensatz*, ist noch immer Glied einer Spannung, aus der die postulierte Übergegensätzlichkeit nicht herausführt. Würde daher ein Zen-Buddhist für wichtig halten, zum Thema der Übergegensätzlichkeit in demselben Denkstil, in dem sie vorgetragen zu werden pflegt, Stellung zu nehmen, so würde er wohl sagen: die Mitte des Seins liegt *jenseits* aller Gegensätze, indem sie *in ihnen haust*, und *in* den Gegensätzen, indem sie *jenseits ihrer west*.

Sie ist widerspruchslos und doch voll von Widersprüchen. Oder, noch anders ausgedrückt: Das Eine und das Viele, das Indifferente und das Differenzierte, das Übergegensätzliche und das Gegensätzliche stehen der Mitte des Seins gleich nah und gleich fern, sind die Mitte selbst und sind sie nicht in einem Atem.

Solche Formeln sind dunkel und sinnlos für den, der auf keinem anderen Weg als dem des Denkens sein Heil versucht, und wollte er sie ernst nehmen, würde ihm der Atem ausgehen. Wer aber die Mitte des Seins leibhaftig erfahren hat, wird in einem einzigen langen Ausatmen die Bewandtnis, die es mit ihr hat, bis auf den Grund durchschauen und sich dann gar nicht mehr darüber wundern, daß, was so einfach und durchsichtig ist, nicht anders denn in dunklen Formeln mitgeteilt werden kann. Er wird dann verstehen, weshalb die Zen-Meister jede Rede davon nicht nur vermeiden, sondern als gefährlich ablehnen, den Schüler dagegen dazu anleiten, die entscheidenden Erfahrungen, die mit einem Schlage alle Rätsel lösen, selbst zu machen.

Gerechtigkeit und Liebe

Wenn die Wandlung durch solche Erfahrungen aber dahin bringt, allem begegnenden Seienden gerecht zu werden, dann ist es so, als ob sich die Dinge durch den Menschen hindurch über sich selbst neigten, ihrer selbst ansichtig, sich selbst offenbar würden. Dann ist es so, „daß der Baum singt und der Stein tanzt" – aber nur für den vollendet *Gerechten,* der „mit Ohren zu sehen und mit Augen zu hören" vermag[11]). Wer dies aber vermag, ist ein *Liebender.* Nur auf dem Boden der Liebe wächst und blüht diese Gerechtigkeit. So kommt es, daß sie, indem sie ein jedes Wesen als das nimmt, was es in sich selbst ist, dennoch nicht dazu führt, es in der Isolierung zu halten und erfrieren zu lassen. In umgreifender *Liebe* belebt solche Gerechtigkeit die Einheit des Seins durch Anerkennung seiner vielgestaltigen Differenziertheit, in durchdringender *Gerechtigkeit* erfährt diese Liebe durch alle Gestalthaftigkeit hindurch den schöpferischen Atem des EINEN SEINS.

BIOGRAPHISCHES

Eugen Herrigel ging als Philosoph aus dem Neukantianismus hervor. Er war ein Schüler Windelbands, in engem philosophischem Kontakt mit Emil Lask und habilitierte sich 1923 bei Heinrich Rickert. Aus dem ersten Weltkrieg zurückgekehrt, sah er es jedoch noch vor seiner Habilitation als seine nächste Aufgabe an, den Nachlaß seines gefallenen Freundes Emil Lask herauszugeben.

Herrigels Stellung in der Kantbewegung unseres Jahrhunderts ist von dem Würzburger Philosophiehistoriker Hans Meyer in dem Werk „Weltanschauung der Gegenwart" gewürdigt worden. Er findet das Bedeutsame der ersten größeren Arbeit Herrigels „Urstoff und Urform" darin, daß Herrigel über die Kanttradition hinaus auf das Urphänomen des absoluten Sinnes der Lebenssphäre und an die Stelle stieß, wo die Frage nach dem absoluten Sein auftaucht. Das zweite Werk Herrigels „Die metaphysische Form" ist eine Auseinandersetzung mit Kant in der Richtung auf eine metaphysische Tiefenschicht. Diese Veröffentlichung fiel zeitlich fast mit dem Erscheinen des Buches von Martin Heidegger „Kant und das Problem der Metaphysik" zusammen. Das Auftauchen zweier einander diametral entgegengesetzter Kantbilder hat damals solches Aufsehen erregt, daß ein eigenes Buch von Erich Przywara unter dem Titel „Kant heute" sich die Aufgabe setzte, die Auffassungen Herrigels und Heideggers miteinander zu kon-

frontieren. Die gleiche Thematik hat dieser katholische Religionsphilosoph in einem im Glock-und-Lutz-Verlag in Nürnberg erschienenen Monumentalwerk „Humanitas" dann erneut aufgegriffen.

In seiner Lehrtätigkeit behandelte Herrigel unter historischen und systematischen Gesichtspunkten das Gesamtgebiet der europäischen Philosophie. Der Angelpunkt auch seiner philosophischen Interessen aber war – ohne daß sie während seiner Lehrtätigkeit thematisch besonders in den Vordergrund getreten wäre – die MYSTIK. Von anderen als nur theoretisch-wissenschaftlichen Voraussetzungen her durfte er als ihr bester Kenner gelten.

In seiner am bekanntesten gewordenen Veröffentlichung „Zen in der Kunst des Bogenschießens" hat Herrigel berichtet, daß er sich bereits als Student eingehend wie aus geheimem Drang mit der Mystik beschäftigt habe, trotz einer Zeitströmung, die für solche Anliegen wenig übrig hatte, und daß ihm ein nur literarisches Quellenstudium von Schriften dieser Richtung nicht genügen konnte. Als ihm bald nach der Aufnahme seiner Lehrtätigkeit an der Heidelberger Universität angetragen wurde, an der Kaiserlichen Tohoku-Universität Sendai in Japan Geschichte der Philosophie zu lehren, habe er dann die Möglichkeit, Land und Volk der Japaner kennen zu lernen, schon allein deshalb so freudig begrüßt, weil sich ihm dadurch die Aussicht eröffnete, zu einer dort gepflegten Versenkungspraxis und lebendigen Mystik in Verbindung zu treten.

Nach einer fast sechsjährigen, sehr erfolgreichen Lehrtätigkeit in Japan, während der er zum außerordentlichen Professor der Universität Heidelberg ernannt worden war und die durch die ihm verliehene Würde eines japanischen Ehrendoktors (Bungaku Hakushi) Anerkennung fand, wurde Herrigel dann auf den Lehrstuhl für systematische Philosophie an der Universität Erlangen berufen.

Die Lehrtätigkeit, die er hier entfaltete, verminderte sich auch nicht an Wirkung und Ausdehnung, als er mit Verwaltungsaufgaben betraut wurde. Die Bayerische Akademie der Wissenschaften ernannte ihn zu ihrem Mitglied. Seine japanischen Freunde aber drängten ihn, noch einmal nach Japan zu kommen. Im Sommer 1941 noch wurde ihm die Ausreisegenehmigung zur Übernahme einer neuerlichen Gastprofessur in Japan erteilt. Das weitere Kriegsgeschehen hat die Durchführung dieses Planes zunichte gemacht.

Herrigels Beziehung zu Japan war durch folgende Lebensumstände eingeleitet worden:

Im Jahre 1921 weilten in Heidelberg einige Japaner zum Studium an der Universität, unter ihnen Shûej Ôhasama (der japanische Herausgeber des später erschienenen Buches „Zen. Der lebende Buddhismus in Japan"), sowie Amano, ein Professor der Philosophie. Der Umgang mit diesen Japanern erweckte Herrigels Interesse für fernöstliche Wesensart und Einstellung zum Leben. Gern kam er dem Wunsch seiner japanischen Freunde nach, mit ihnen Werke deutscher Philosophen zu lesen und zu besprechen.

Wie Herrigel dann in Japan in den Bannkreis des Zen-Buddhismus kam, hat er selbst wie folgt geschildert:

„In der ersten Zeit des Aufenthaltes in Japan wurde einmal ein Treffen mit japanischen Kollegen verabredet. Nach einem Spaziergang durch Tokyo sollte dort im 5. Stock eines Hotels in einem Erfrischungsraum Tee eingenommen werden.

Man hörte plötzlich ein tiefes Grollen und verspürte unter den Füßen ein sachtes Wanken. Immer deutlicher wurde das Schwanken, Knistern und Scheppern von Gegenständen. Unruhe und Aufregung im

Haus wurde zunehmend spürbar. Die vielen Gäste, Europäer hauptsächlich, drängten sich in überstürzter Eile in den Gang an die Treppen und Lifts. Ein Erdbeben – und ein fürchterliches Erdbeben aus einem früheren Jahr war allgemein noch in stärkster Erinnerung! Auch ich war aufgesprungen, um ins Freie zu kommen. Schon wollte ich den Kollegen, mit dem ich in der Unterhaltung begriffen war, auffordern, er möge sich beeilen: da bemerkte ich zu meinem Erstaunen, daß er unbeweglich dasaß, die Hände verschränkt, die Augen nahezu geschlossen, als ginge ihn das alles gar nichts an. Nicht wie einer, der noch unentschieden zaudert oder sich noch nicht entschieden hat. Sondern: wie einer, der ohne Hin oder Her etwas ganz Selbstverständliches tut oder nicht-tut. Der Anblick, den er bot, war so erstaunlich und bestimmend, daß ich, anstatt ihn sich selbst zu überlassen, stehen blieb – mit einem unheimlichen Angstgefühl freilich –, dann wieder ihm gegenüber Platz nahm und ihn unentwegt anstarrte, ohne mich zu fragen, was das bedeuten sollte und ob es geraten sei zu bleiben: wie gebannt – ich weiß nicht wodurch –, als könne mir nichts geschehen. So vergingen lange bange Minuten. Als das Erdbeben vorüber war – es soll ziemlich lange gedauert haben –, fuhr er an derselben Stelle fort, an der er das Gespräch abgebrochen hatte, ohne das, was geschehen war, auch nur mit einem Wort zu streifen. Ich war allerdings nicht mehr in der Lage, aufmerksam zuzuhören, und gab wahrscheinlich leere Antworten. Den kaum überstandenen Schrecken noch in den Gliedern, stellte ich mir vielmehr die Frage: was hielt mich denn zurück, nicht davonzulaufen? Weshalb folgte ich nicht einem instinktiven Drang? Dabei fand ich keine Antwort, bei der ich mich hätte beruhigen können.

Erst einige Tage später erfuhr ich, daß dieser japanische Kollege ein Zen-Buddhist sei, und aus Andeutungen mußte ich entnehmen, daß er sich in einen Zustand äußerster Konzentration versetzt habe und dadurch „unangreifbar" geworden sei.

Nun hatte ich zwar zuvor über Zen gelesen und mancherlei gehört, ohne sagen zu können, daß ich über vage Vorstellungen hinausgekommen wäre. Die Aussicht, in das Zen eindringen zu können – die den Entschluß, nach Japan zu gehen, sehr erleichtert hatte – wandelte sich durch dieses einschneidende Erlebnis in die Absicht, unverzüglich daran zu gehen, nähere Beobachtungen darüber anzustellen. Indessen kam es mir auf die *Mystik* des Zen an, auf den Weg, der über die Unangreifbarkeit dorthin führt. Denn nicht eine imponierende Unerschütterlichkeit, so sehr mir diese Eindruck gemacht hatte, schwebte mir als Ziel vor – man kann sie auch mit anderen Mitteln erreichen und braucht *dazu* nicht nach Ostasien zu gehen.

Bei meinem Vorhaben wurde ich indessen belehrt, daß ein näheres Eindringen in das Zen so einfach nicht sei, da Zen keine Lehre und kein Dogma habe. Man riet mir zunächst, mich einer der Künste zuzuwenden, die durch Zen besonders stark beeinflußt seien, um so langsam auf Umwegen in Kontakt zu kommen.

Dieser Rat wurde befolgt. In dem Buch „Zen in der Kunst des Bogenschießens" habe ich Rechenschaft über diesen Unterricht abgelegt."

Soweit der authentische Bericht. In dem gleichen Buch hat Herrigel bereits mitgeteilt, daß er dann auch Zugang zur eigentlichen Versenkungspraxis und -Mystik fand.

1) Ernst Benz (*Zen in westlicher Sicht*, S. 17) nimmt diese Stelle als Ansatz zu einer Verwestlichung des Zen in Anspruch. Herrigel empfehle hier, da anzufangen, wo der buddhistische Zen-Mönch am Ende seiner Bemühungen angelangt ist.

Indessen handelt es sich hier weder um eine Empfehlung noch um eine besondere Methode, die Herrigel zum eigenen Gebrauch erfunden hätte. Sondern: Überlegungen werden angestellt, wie man sich erklären und es verstehen könnte, daß in der geschichtlichen Entwicklung des Buddhismus zum *Zen*-Buddhismus von der klassischen buddhistischen Versenkungsmystik mit ihren verschiedenen Stufen und ihrem genau festgelegten Programm samt einer weltanschaulich-dogmatischen Vorbelastung (Leben = Leiden) *abgegangen* worden ist. Dies jedenfalls ist in der Geschichte des Zen ein *Faktum*, ein erstaunliches, und für diesen historischen Vorgang wünscht sich der Interessierte eine Erklärung. Herrigel versucht sie hier, von allen historischen Neben- und Begleitumständen abgesehen, im Grundsätzlichen.

Von hier aus wäre aber auch für das Thema der Verwestlichung des Zen ein höchst interessanter Rückschluß naheliegend: die offene Frage, ob die Möglichkeit einer Verwestlichung des Zen nicht vielmehr im *Zen*-Buddhismus *selbst* liege: in der Entfernung von der „klassischen" buddhistischen Mystik der Frühzeit, in der relativen Ablösung von der Person Buddhas, in der Entdogmatisierung des Buddhismus, Züge dies alles, die manchen Europäern gerade *diese* Form des Buddhismus anziehend machen.

2) *Die Große Befreiung*. Einführung in den Zen-Buddhismus, Bern u. a. (O. W. Barth)[15] 1993

3) Ibid. Seite 64.

4) Ibid. Seite 130.

5) Ibid. Seite 151.

6) Ibid. Seite 71.

7) Ibid. Seite 125.

8) Die fünf Stufen Rjôkwais von Tôsan.

[9]) *Hsinhsinming* (jap.: *Shinjinmei*), *„Die Meißelschrift vom Glauben an den Geist"* von Seng-ts'an (jap.: Sôsan), dem dritten Patriarchen, Bern u. a. 1991

Die genannten Texte finden sich (in einer von E. Herrigel überarbeiteten Übersetzung von Prof. Ôhasama) in dem Buch: *Zen.* Der lebendige Buddhismus in Japan, von Schûej Ohasama und Aug. Faust, mit Geleitwort von Rudolf Otto.

[10]) Die Herausarbeitung der „Ursphäre" war bereits das Anliegen E. Herrigels in seiner ersten größeren philosophischen Untersuchung *Urstoff und Urform.*

[11]) Es handelt sich hier um eine Umschreibung des Übergegensätzlichen im Satori-Erlebnis. Parallelstellen dazu finden sich in *Zen in der Kunst des Bogenschießens,* S. 57, und *Leben aus Zen,* von D. T. Suzuki, Vorwort E. Herrigel, S. 163/64. Von Suzuki wird hier ein chinesisches Gedicht mitgeteilt und interpretiert, das beginnt:

Wenn du mit den Ohren siehst
Und mit den Augen hörst . . .

INHALTSVERZEICHNIS